Erich Fromm

爱、性欲与母权

Love, Sexuality, and Matriarchy：About Gender

关于性别

〔美〕艾里希·弗洛姆 著

程雪芳　张龑 译

上海译文出版社

目 录

编者序

“六千年来，两性一直处于战争之中。要理解女性的心理，抑或是男性的心理，就必须要理解这场战争，这场旷日持久的游击战。战争伊始，男性占据了统治地位，社会基础为父权制。女性成了男性的资产，渴求着男性的每一次让步。如果被压迫和被剥削者在无意识里没有反抗、愤怒、仇恨以及复仇的欲望；如果压迫和剥削者在内心没有恐惧和不安的感觉，那么就不会有一部分人对另一部分人的统治，也不会有某一社会阶层、某一民族或某一性别对他者的统治”。1975 年 2 月 16 日意大利杂志《快报周刊》（*L'Espresso*）刊登了对艾里希·弗洛姆的这段采访。弗洛姆在其中概括了他有关性别问题的基本思想：引发性别问题的症结并非在于性别差异本身，而是在于性别差异的目的显化。

艾里希·弗洛姆的关注重点不是性别在解剖学和生物学意义上的差异，而是性别在人类历史进程中的功能化。性别差异，即某一性别是另一性别的他性，通过性行为来确保人类的存续。然而，性吸引的功效显然非常有限，无法阻止人类利用性别差异来行使统治权。因此，性别问题的要点在于，性别差异的功能化如何影响个人的身份体验以及人类的共存，特别是两性的共存。

如果只是寻求将统治权从男性身上转移到女性身上，那么每一个针对性别问题所提出的解决方案都只会促进性别战争的发生。在上述采访中，弗洛姆亦对女权运动不以为然，因为实际上女权运动“延续了父权制原则，区别只在于女性拥有了迄今为止一直属于男性的权力”，然而女性并没有因此而“获得人性的解放”。战争还在继续，“两性之间产生仇恨情绪，从而引发暴虐行为，在所难免。被剥削者和剥削者坐在同一艘船上，堪比囚犯和狱卒。他们互相威胁，互相仇恨，都害怕对方的攻击。即便男性假装不害怕，但事实上他们是害怕女性的”。

几乎没有一个心理学问题像性别问题一样这般具有争议性和复杂性。原因很简单：因为我们依然深陷在父权制的传统中，谈及性别问题时，每个人或多或少都会受其影响而带有成见，并不自觉地参与到父权制传统的转移和投射进程中。这种现象在“性别战争”中是十分常见的。想要改变这种现象，我们首先就要意识到自己受到了父权制思维模式的影响，并拥有发展母权制认知和思维模式的想法。惟有这样，我们才有可能设想并践行一种融合了性别差异的现实认知。

要就性别问题进行深入探讨，就必须从父权制建立以来的性别差异功能化开始。早在20世纪20年代末，弗洛姆在阅读了约翰·雅各布·巴霍芬（Johann Jakob Bachofen）的著作，并与来自德国巴登-巴登的医生乔治·格罗代克（Georg Groddeck）进行多次交谈之后，便认识到了这一点。巴霍芬的作品《母权论》（*Das Mutterrecht*）对弗洛姆产生了极为深刻的影响。1930年代初，弗洛姆便已在其写作中融入了对巴霍芬思想的接受，作品中贯穿着对巴霍芬的推崇。即使到了晚年，弗洛姆还是将巴霍芬视为思想的重要来源之一，不厌其烦地推荐大家阅读《母权论》。

本书第一部分便可证明弗洛姆对巴霍芬母权和父权社会结构思想的接受。在收录的这些文章中，弗洛姆不仅展示了他对巴霍芬思想的热忱，还为自己奠定了性别问题思想先驱的地位，而性别问题现今已跃然成为热门话题。第一部分有两篇文章是第一次发表，作为编者，我想作个简单说明：

英文手稿“论巴霍芬的母权论”是在艾里希·弗洛姆的学术遗稿中发现的。此文写于1950年代中期，计划作为巴霍芬《母权论》英文版的前言发表，但该译著当时并未出版。直到1967年，博林格基金会（Bollinger-Stiftung）才成功出版了巴霍芬主要作品的英译版。而在此期间，弗洛姆的前言却被遗忘了，因而从未刊登过。该文原标题为“巴霍芬的现代意义”（Bachofens Significance for Today）。

最近，我在纽约公共图书馆馆藏的弗洛姆遗稿中发现了一篇德语手稿：“男性的创造”（Die männliche Schöpfung）。该文的写作日期标注的是1933年，但从资料来看无法确定其真实性。手稿明确提到了欧洲和美国文化，这表明，该文很有可能是在弗洛姆移民到美国后的头几个月撰写的①。文中出现的《圣经》和巴比伦创世神话的对比在其而后的作品中被反复提及。

① 弗洛姆于1934年5月移民美国。——译者

父权制和母权制的社会结构本质上决定了性别问题，但这并非唯一的决定性因素。本书第二部分收录了弗洛姆有关性别和人格之间是否存在关联的研究。撰写于 1943 年的“性与性格”（Geschlecht und Charakter）一文试图阐明，男女之间的生理差异导致了某些人格上的差异，重点论述了男性和女性在性交中的不同角色及其对人格产生的影响。诚然，除了生理因素，社会因素也会对人格产生直接影响，而后者的“影响要大得多，可以增强、消弭或者反转生理差异”。1948 年，弗洛姆在这篇文章中增加了一些重要段落，也将在本书中第一次发表。

“性差异与性格”这一主题的第二篇文章题为“男女之间”。1949 年，弗洛姆就性别问题做了一次演讲，此文便囊括了该次演讲最重要的观点和论述。演讲稿发表于 1951 年，与前述“性与性格”一文的思想不同，弗洛姆不再试图从两性的生理差异中推导两性的人格差异，而是简明扼要地指出：“两性关系的症结归根结底是由性别差异造成的”，这“并不正确”。首先，男女之间的关系是人与人之间的关系，起决定性作用的是社会普遍特征。而当今社会的普遍特征是，人们不再以自己的个人特色和性别特征为导向，而是以市场、成功、他人的期望、被分配到的角色为导向。对于市场机制而言，“两性差异几乎没有什么特殊性了”。

弗洛姆认为，性别问题一方面是由父权制和母权制社会结构所决定的，另一方面是由社会普遍特征导向所决定的，这一观点对理解性行为及其作用有着深远的影响。因此，本书第三部分的两篇文章讨论了“性别与性欲”之间的关联。1948 年，《金赛报告》（*Kinsey-Reports*）出版，弗洛姆缘此而撰写了“性欲与性格”，并在文中简单提及了这一事件。该文为本部分收录的一篇文章。西格蒙德·弗洛伊德（Sigmund Freud）认为，两性的人格是由命运所决定的，而这种命运在其青少年时期通过性驱力得以感知。弗洛姆的观点却与此截然相反：“在我看来，性行为不是原因，而是人格结构的结果。”不是“床”决定了两性关系的好坏，而是关系模式的类型，即人格，决定了性行为。因此，性别问题不是由性别差异所造成的，而是两个人相互关系的特殊表达。

如果性别问题以及基于性别差异产生的两性关系问题的主要因素并非性别差异，而性别差异主要作用于激情（人格特征）的形成，如支配和顺从、爱和恨，那么两性关系的问题就可以演变为：何种人格取向决定了这两个人的关系，是爱还是恨、是对生命的热爱还是对暴力的迷恋。本书第四部分便探讨了这些决定性别问题的基本取向，两篇文章都是第一次在德国发表。

1939年，《精神病学》（*Psychiatry*）杂志刊登过弗洛姆的“自私与自爱”（Selbstsucht und Selbstliebe）一文，但并没有引起太多关注。1947年，弗洛姆将此文的第一部分收入《精神分析与伦理》（*Psychoanalyse und Ethik*）一书。事实上，“自私与自爱”是弗洛姆最重要的文章之一。在该文中，他提出了一种自我理论，早于自我心理学和自恋理论的代表人物。与西格蒙德·弗洛伊德的观点相反，他认为人与自己的关系和与他人的关系是相对应的，自爱和他爱之间并非竞争关系，自我参照和对象参照之间存在着对应性和相关性。由此，他强调了积极的自我参照，即自爱的必要性。只有在自爱受挫时，才会出现自私和自恋的现象，那是自爱的缺失补偿形式。弗洛姆阐明，仇恨同样拥有自我参照和对象参照的逻辑，并谈到了反应性仇恨和人格性仇恨。令人惊讶的是，弗洛姆非常清晰地剖析了 1939 年德国国家社会主义的心理基础。（为了结构统一，我增加了小标题。）

爱与恨是人格的基本取向，塑造了两性之间的关系。在 20 世纪，爱与恨获得了更全面也更精确的含义。爱不再是简单的爱，而是对生命的爱，是对生长和发展的事物的爱：亲生命性。恨也不再是简单的恨，而是为了破坏而破坏的欲望，是被一切无生命的事物所吸引，是对暴力的迷恋，是对死者的爱：恋尸癖。本书最后一篇文章就探讨了这一主题，曾于 1967 年在一本美国杂志上发表。不是性别问题决定了人的未来，而是对生命的爱或对死者的爱决定了人的关系，也决定了两性的关系。“当然，如果我们的文化是：结果比过程更重要、物质比生命更重要、手段成了目的、在需要用心的时候不得不使用大脑，那么我们就很难体验到那样一种热爱生命的态度。爱一个人和爱生命并不能一蹴而就。性可以这样，但爱不行。”

雷纳·芬克

第一章　母权与男性创造

1. 巴霍芬对母权的发现

巴霍芬仅为相对少数专家所知，但他绝不应是一位“被遗忘的作家”。哪怕在著作出版之时或去世后不久，他也从未出名或被人熟知。在生命的最后几年里，他的著作得到了一些人类学家的赞赏，例如阿道夫·巴斯蒂安（Adolf Bastian）、刘易斯·H.摩尔根（Lewis H. Morgan）以及弗里德里希·恩格斯（Friedrich Engels）——他同卡尔·马克思一样对巴霍芬的作品大为钦佩。在接下来的许多年里，巴霍芬几乎完全被忽视。直到第一次世界大战之前的几年，一小群具有浪漫思想的德国知识分子开始重新阅读巴霍芬，并使他的名字流传开来——尽管只限于小圈子。到了最近几年，不仅在德国和瑞士，而且在说英语和西班牙语的国家，对巴霍芬的兴趣又有明显增长。

如果我们将巴霍芬与另一位天才西格蒙德·弗洛伊德进行比较，巴霍芬作品的独特命运就更加凸显。弗洛伊德活跃于一代人之后，两人探索的问题也密切相关，可他们的作品有多么不同的命运啊！弗洛伊德成为全世界最著名的思想家之一，他的观点和术语家喻户晓，他的著作以各种语言出版，他的思想在众多学府之中得以传授。而反观巴霍芬，作为一位不为大众所知的人物，仅被极少数人欣赏，还被大多数专家揶揄。若考虑到弗洛伊德的有些观点早就被巴霍芬提出过，且对同样的问题巴霍芬给出的答案有时甚至更为深刻，这就更加不同寻常了。

人们通常认为巴霍芬的核心成果是对母权的发现。他对罗马、希腊及埃及神话和象征进行分析，并在此基础上得出结论：我们所知的贯穿整个世界文明史的父权制社会结构产生于相对晚近的时期，在此之前的文明样态为母亲是一家之长、社会统治者以及大母神①。他进一步假设：在母权阶段之前，历史刚刚开始，社会形态更加粗陋、未开化（群婚制），完全建立在女性天然的多产性基础之上，不存在婚姻、法律、原则和秩序，是一种类似于沼泽植物自然生长的生命状态。母权阶段介于人类发展至今的最低阶段和最高阶段之间——最高阶段即父权制阶段，由父亲作为法律、理性、良知和等级制社会组织的代表进行统治。

这一理论不仅仅是关于某些史前现象的人类学假设，它是一种普遍而深刻的历史哲学，在很多方面与黑格尔，尤其是马克思的历史哲学相似。对马克思而言，历史始于最初的平等状态，但此时人的自我意识极少，生产力水平低下。人通过劳动的演化而发展，强化自己的理性、技能和个性，最终在新的理性和技术水平上回归至原初的和谐。对于巴霍芬而言，相似的演化进程围绕着母亲和父亲的支配角色依次展开。历史由前理性的母性世界走

① 大母神（the Great Goddess 或 the Great Mother），早期人类的始祖神，以女性生殖崇拜为底蕴，存在于不同民族的神话中，如中国神话中的女娲。——译者

向理性的父权世界，但同时也从自由和平等走向等级制和不平等。人类最终将在新的层面上回归充满爱与平等的社会建制——这是一种母权-父权原则的假说。

这一历史演变进程假说并没有穷尽巴霍芬的重要意义。通过对母爱和父爱本质的分析，巴霍芬为进入心理学以及个人和社会心理发展的核心铺平了道路。他虽不是现代心理学的所谓“先行者”，却是一位开路人。在一百年的人类科学发展之后，他为我们提供的洞见比在他自己的时代更富有成效，抑或——看似矛盾的是——更具现实意义。以下评论旨在为这一陈述提供事实根据。

巴霍芬的最重大成就或许在于他对母爱和父爱的本质以及——相应地——人们对母亲和父亲的依恋有何区别的分析。他关注的不是这个人或那个人现实中的母亲和父亲，而是“理想型”的母亲和父亲（在马克斯·韦伯的意义上），抑或母亲和父亲的原型（在荣格的意义上）。他考察了母权原则和父权原则在人类进化中的功能和作用。

什么是母权功能的实质呢？

“在抚养孩子的过程中，女人比男人更早地学会了超越自我的限制，将关爱给与另一个生灵，并将她拥有的任何发明创造天赋都用于维护和改善这个他者的生存。处于这个阶段的女性是一座宝库，聚集了所有文化、仁爱、奉献以及对生者的关爱和对死者的哀悼。”（Bachofen，1967，79）

对他人的爱、关怀与责任是母亲的创造，从母爱的种子里生发出所有爱和利他行为。除此之外，母爱是普世的人道主义发展的基础。母亲爱她的孩子，因为他们是她的孩子，而不是因为他们满足了某个条件或期望。母亲平等地爱她的孩子，因此她的孩子们体验到彼此是平等的，他们的中心依恋朝向母亲。“母爱观念在所有男性中间产生了一种普遍的友爱之情，这种感情随着父权的发展而消亡。”（同上，80）进一步的结果是，在以母亲为中心的文化中，基本原则是自由与平等、幸福和对生命无条件的肯定。

与母权原则相反，父权原则即法律、秩序、理性和等级制。父亲有他偏爱的儿子，这个儿子最像他，最适合成为他财产和世俗职能的继承人和继任者。在以父亲为导向的儿子当中，平等让位于等级、和谐让位于冲突。巴霍芬的伟大之处在于指出了母权原则向父权原则演变的历史进程，但同时也认识到母权原则和父权原则各自积极和消极的方面。他认识到父权制是历史演化的更高形式，却没有因而忽视母权体系特有的优点，也没有对父权制的弊端视而不见。

母权主义积极的方面在于平等、普世性和对生命无条件的肯定，消极的方面在于受血脉和土地的束缚、缺乏理性和进步。父权制积极的方面在于理性、法律、科学、文明以及精神发展，消极的方面在于等级制、压迫、不平等及不人道。母权主义积极的方面和父权主义消极的方面在埃斯库罗斯的剧作《安提戈涅》①

---

① 《安提戈涅》(*Antigone*)，古希腊剧作家索福克勒斯（Sophocles）的著名悲剧，大约创作于公元前 442 年，剧中俄狄浦斯的女儿安提戈涅不顾国王克瑞翁（Creon）的禁令，因安葬自己反叛城邦的兄长波吕尼刻斯（Polynices）而被处死，国王自己最终也难逃妻离子散的结局。本剧剧情始于埃斯库罗斯（Aeschylus）的剧作《七将攻忒拜》(*Seven Against Thebes*)的结尾处。弗洛姆此处原文为“in Aeschylus’ *Antigone*”，将“索福克勒斯”误写为“埃斯库罗斯”。——译者

中表现得最为明显。安提戈涅是人性和爱的代表，而克瑞翁这位极权主义领袖是国家崇拜和服从的代表。

除了发现母爱和父爱的本质以及两种原则在历史中的作用之外，巴霍芬还是象征和神话真正的阐释之父，正如弗洛伊德是梦的解析之父一样。诚然，巴霍芬对神话的兴趣也为卡尔·奥特弗里德·穆勒（Karl Otfried Mueller）、约瑟夫·冯·戈雷斯（Joseph von Goerres）和格奥尔格·弗里德里希·克鲁泽（Georg Friedrich Creuzer）等浪漫主义者所共有。但巴霍芬揭示了神话的潜在内容背后的无意识，他所使用的方法具有真正天才的独创性。通过孜孜不倦地专注于神话的细节，巴霍芬成功地从表层内容推导出了神话最深层的无意识根源和动机。

他拥有一种在别的学者身上极为罕见的天赋，能凭直觉知晓而后证明象征符号的意义。任何想要学着理解象征主义的丰富和精妙的人，都很难找到比神话阐释中的巴霍芬更好的老师。例如在阅读有关“蛋”这一类象征的章节时，人们不仅会理解到阐释这一象征所必需的深刻和敏锐，还会发现在揭示一个象征或一则神话的意义时，巴霍芬在每一个步骤中所表现出的对研究主题的非凡耐心与热爱。巴霍芬本人非常清楚神话的丰富性和深刻性，它不仅允许一种“正确”的阐释，并且依据人们所达到的不同理解深度，允许数种解释。神话即对象征的诠释，是“一个文化时期的产物。在这一时期，生活还未与自然的和谐相脱离……”（同上，76）神话有其自身的法则，一旦了解了这些法则，对神话的理解就具有与对任何其他历史现象的理解相同的客观有效性和合理可信性。

因此我们应该进而探讨巴霍芬阐释神话和象征的方法和路径。首先，也可能是最重要的一点，巴霍芬并不认同已经存在的观点。他很清楚自己的理论将会引起反对意见。

“这种反差的确非常重大，它对我们的方法和发现都产生了深远影响。这些发现将我们带回历史事实。教条主义的偏见认为这些史实不再有效，然而它们对任何历史的总体理解都至关重要。”（同上，241–242）

这种方法在很大程度上取决于一个条件。

“学者必须完全放弃他自己时代的那些思想，以及由这些思想填满他心灵的那些信念，并将自己转移到一个完全不同的思想世界的中心位置。没有这种自我弃绝，古代研究就不可能取得真正的成功。以后世态度为出发点的学者，将不可避免地错失对最古老时代的理解。当矛盾重重，当一种现象似乎无法解释时，唯一的出路似乎是质疑并最终否认它的存在。这就是为什么我们这个时代的学术和批评很少产生伟大和持久的成果。真正的批评存在于材料本身，除了其自身的客观规律外没有其他标准；除了理解这个陌生的体系之外没有其他目标；除了用它的基本原理所能解释现象的多寡之外，没有其他检验方法。在学术需要扭曲事实的地方，歪曲是由学者而非原始资料造成的，但学者由于无知、傲慢和粗心，喜欢把自己的失败归咎于这些材料来源。严肃的学者必须牢记，他所探索的世界迥异于他所熟悉的世界，他对这个世界的了解无论多么深入，都必定是有限的；他的生命体验通常是不成熟的，不过是基于一个短暂时期的观察；而他所掌握的材料是一堆孤立的遗迹和碎片，它们从一个角度看似乎不可信，但

当转换到它们的真实背景中时，就会证明这种判断太过草率。”（同上，81-82）

在这段话中，巴霍芬不仅对历史研究中的客观性和内在自由问题作了极为简明、优美的陈述，还如实介绍了自己的方法。阅读巴霍芬的著作让人对他的客观性留下印象，这一印象会随着阅读的深入而不断加强。同他伟大的瑞士同胞卡尔·雅各布·布克哈特①（Carl Jacob Burckhardt）一样，巴霍芬不为所处时代的权力和成功的喧嚣所动，甚至连自己的偏好和价值观都没有使他扭曲过去时代的图景。巴霍芬称他的方法为“一种自然科学的方法”（同上，242），意思是“一种纯粹客观的观察”（同上），人们必须阅读他对这种方法各个方面的论述，才能充分了解巴霍芬作为观察者和科学家的独特品质。

《母权论》与达尔文的代表作差不多同时出版。尽管达尔文和巴霍芬的著作之间存在诸多明显差异，但巴霍芬将进化论原理应用于人类和历史发展这一事实是毋庸置疑的。他也认为人类进化的开端是卑贱低下的，甚至是有辱我们自尊的。

“尽管展现在面前的画卷可能会让我们感觉不适，尽管人类的开端可能没有让我们感受到尊严，但看到人类逐渐超越天性中的兽性，我们有切实的理由坚信，人类在历经沧桑之后定会找到力量，完成走出深渊的胜利旅程，从物质的黑夜走向精神原则之光。”（同上，185）

---

① 卡尔·雅各布·布克哈特（1818—1897），著名文化史家和艺术史家，出生于瑞士，最具代表性的著作是《意大利文艺复兴时期的文化》（1860）。——译者

又及：

“谁又不想……替我们种族抹去如此不堪的童年回忆？但历史的明证禁止我们聆听自尊和自爱的声音。毋庸置疑，婚姻制度是非常缓慢的进步的产物。”（同上，93）

在结束对巴霍芬研究方法的简短描述之前，我们不能不至少简要提及他的辩证法。正如对黑格尔那样，冲突和矛盾对于巴霍芬来说是进步的“助产士”。每一个历史现象都被理解为对早期相反状态的一种反应。“这不是悖论，而是伟大的真理……人类文化只有通过对立面的冲突才能进步。”（同上，227）有了对历史进程的辩证本质的理解，巴霍芬能够看到，一种极端的态度就源自它克服了先前的对立状态，并且如果你挖掘得足够深入，仍能在新的极端中发现先前对立状态的残余。［参考弗洛伊德在“反向形成”（reaction formation）概念中提出的“被压抑情感的回归”。］

难怪像巴霍芬这样一个具有真正科学精神的人会不赞同社会科学中的定量分析方法。对一个现象进行透彻而详尽的分析，其价值高过对多个相似现象进行说明而没有一种说法令人信服。对于巴霍芬来说，一百个不充分的证明加在一起也永远比不上一个通过深入分析得来的证明。他指出，人们无法将社会结构、法律、宗教、家族谱系和性格结构分开来孤立理解。这一深刻洞见近些年才逐渐被人接受，而巴霍芬在一百年前就完全把握并加以运用。正是由于这一洞见，巴霍芬既非人类学家、考古学家、哲学家、心理学家、社会学家，也非历史学家。他是“人的科学”的学习者，对他而言，这些方面都不是彼此独立存在的。

我已指出巴霍芬和弗洛伊德的作品非同寻常的迥异命运。事实上，这两个人在著述和性格上还有其他重要差异，但这也有助于突出两人显著的相似性。

他们的工作围绕着相同的问题展开，即通过理解人与母亲和父亲的关系发展来理解人的发展。对巴霍芬和弗洛伊德而言，人的发展始于对母亲的依恋，这种依恋随后被与父亲的关系消解和取代，父亲转而变成了情感的中心人物。但这种依恋有多么不同的意义啊！对弗洛伊德而言，它主要是一种性依恋。就是通过这一假设，弗洛伊德掩盖了巴霍芬已经揭示的事实，即与母亲的关系是小孩最初也最强烈的情感关系。对母爱的渴望是婴儿最强烈的渴望，这种渴望永远不会在人身上消失，直到他确实回到大地母亲的怀抱。对他来说，母亲是生命、温暖、食物、幸福与安全。母爱是无条件的爱，我体验到被爱不是因为我顺从、乖巧、有用，而是因为我是母亲的孩子，因为我需要爱和保护。可能由于自身性格原因，弗洛伊德似乎将这所有情感渴望中最强烈的一种解释为性依恋，所根据的事实是小男孩已经有了活跃的性本能，母亲是他认识的唯一跟他有亲密关系的女人，并且母亲在实际照顾他的过程中甚至刺激了他的性欲。弗洛伊德奇怪地否认了母亲在情感上的重要意义，他是这么说的："我无法指出童年时期有任何需要像需要父亲的保护那样强烈。"（Freud，1953，21）又或者，在他父亲去世后，在 1908 年《梦的解析》第二版的导言中，他说父亲的去世是"一个人一生中最重要的事件、最悲痛的损失"（Jones，1953，Vol. I，324）人们可以清楚地看到，在弗洛伊德自己的经历中，母亲是如何从中心角色中被排除的，因为父亲的缘故而被废黜。母神被驱逐，转而变成了妓女。

巴霍芬用他的阐释告诉我们，当弗洛伊德认为无法克服对母亲的依恋（不是对母亲的所有渴望）是所有神经症的核心时，是多么正确；巴霍芬也证明，弗洛伊德将母亲的角色限缩为性角色是多么错误。巴霍芬的重大发现是，男人最初、最深切的依恋是对母亲的依恋；无论对种族还是对个人而言，走向成熟的过程取决于人是否有能力克服这种依恋，以及能否完成把与父亲的关系变为中心关系的阶段转化；最终，在更高的发展层次上，与母亲的纽带得以更新，但不再是对母亲的个人依恋，而是在更高精神层面上回归到爱与平等的原则。

尽管弗洛伊德从其极端父权主义的立场出发，将女性视为被阉割的男人（对因依赖女性而产生的无法排解的恐惧的典型补偿），但巴霍芬认为，作为母亲的女性代表着原初力量，代表着自然、现实，同时也代表着爱和对生命的肯定。正因为如此，而不是因为她的性吸引力，难以克服的依恋才得以存在。另一方面，巴霍芬指出了父亲的积极作用。他明确表示，从母亲转向父亲不是因为阉割威胁，而是因为男孩需要由父亲所代表的父权原则的指导和帮助。

跟弗洛伊德一样，巴霍芬深入探究象征语言的奥秘。弗洛伊德主要研究梦，巴霍芬主要研究神话。他们都不认同关于神话和梦的传统观点，都在寻找梦和神话中隐藏、潜在以及无意识的意义。但在这里，对于根源于人类存在条件本身的人类最基本的抗争，二人在表达的深度上又有多么大的不同！弗洛伊德过多地将意义限制在性欲或自由联想产生的联系上，而这些联系往往是无关紧要的。

再者，巴霍芬和弗洛伊德都关注历史、宗教和心理学之间的关系。巴霍芬将人类的演化视为从与母亲的纽带中脱离的过程，并把母系社会塑造为在我们已知的父权文化之前的社会样态。与之相反，弗洛伊德认为历史和人类进化始于父亲主导的群体和儿子对父亲的反叛。

巴霍芬和弗洛伊德在理论上的异同反映了他们在性格上的异同。二人都是天才，对真理有着难以遏制的热爱，对隐蔽、神秘的无意识精神世界有着无穷的兴趣。但二人又迥然不同。巴霍芬是瑞士贵族，他虔诚、保守、反自由主义。弗洛伊德是维也纳犹太人，是自由主义者、反宗教的理性主义者。

然而，这些差异掩盖了其他同样重要的差异。巴霍芬虽然极为保守并对现代进步深表怀疑，但他对人类的未来怀有深厚的信念。他认为，人类事务的开端和结局表现出独特的相似性，结局是在更高的发展水平上对开端的回归。母权原则不会简单地消失，而会被保存（黑格尔意义上的“扬弃”），并在新的合题中与父权原则相结合。下面是巴霍芬自己的话，他在其中描述了对人类发展的信念：

“一条伟大的法则支配着人类律法的发展。它从物质走向非物质，从有形的走向形而上的，从大地性走向精神性。要实现最终目标只能通过所有民族和世代的共同努力，在经历兴衰沉浮之后，最终目标一定会实现。物质性的开端必然走向非物质性的结尾。在所有律法发展的最后屹立着新的自然法（*ius naturale*），它现在不是物质的而是精神的；终极正义将是普世的，正如原始的正义是普世的；终极律法就像原始律法一样，将摆脱一切任意性，由事情本身决定，由人类发现而非发明，正如原始的物理法则表现为一种内在的物质秩序一样。波斯人相信有一天将会有一种正义和一种语言。当恶神阿里曼被摧毁时，地球将变平坦，幸福的人类将拥有一种生活方式、一种政府形式和一种语言。（Plutarch，*De Isis et Osiris* 47）这最终的正义表现出善的原则的纯粹光辉。它不像第一个物质时代的血腥黑暗正义那样处于大地之上，而是高居天上大放光明，是完美的宙斯法则。但它的最终升华也必然意味着它的消解。通过从所有物质混杂中解放出来，律法变成了爱。爱是最高的正义。这种正义也体现出双重性，但它的双重性不像之前的大地正义那样表现为冲突和永无休止的毁灭。现在它的双重性表现为挨耳光后宽容大度地送上另一边脸，斗篷被偷后欣然赠送第二件斗篷。在这一信条中，最高的正义得以实现。它的完美甚至超越了正义的概念，因此它成为对物质最终和彻底的否定，成为一切不和谐的消解。”（Bachofen，1967，189-190）

尽管对人类怀有这样的信念，或许正因为这样的信念，巴霍芬对他那个时代的“进步”以及将要到来的二十世纪持完全怀疑的态度。以下是他关于未来世界的预言，写于 1869 年，展现了巴霍芬展望未来时清晰的预见性，正如他回望过去时清晰的直觉：

“我开始相信，对于二十世纪的历史学家来说，除了美国和俄国没有什么可写的了。欧洲旧世界陷入困境且永远不会恢复。因而我们对于新世界统治者的作用将是老师，正如希腊人曾是罗马领导者的老师一样，我们将有机会在这一历史进步临近尾声的时候彻底研究它。不幸的是，我是一个悲观主义者，是不受欢迎的那类人。”（1869 年 5 月 25 日写给 Meyer Ochsner）

弗洛伊德的政治态度以一种看似矛盾的方式与之相反。作为自由主义者，他对人类的未来不抱希望。他认为即使社会和经济问题能够得到解决，人的天性仍然会让他嫉妒和羡慕其他男人，他仍然会被与其他男人竞争的愿望所驱使，希望拥有特权去占有所有性感的女人。对弗洛伊德而言，历史进程本质上是悲剧性的。人类创造的文化越丰富，就越会使自身的本能冲动遭受挫败，就会变得越来越不快乐和神经质。对巴霍芬而言，人类经由冲突发展到更高形式的和谐。另一方面，巴霍芬从不认同权力，而弗洛伊德则正相反。正如琼斯在其弗洛伊德传记的第二卷中所描述的，弗洛伊德在第一次世界大战开始时成了一名狂热的爱国者，深信奥地利和德国从事的是正义事业，为德国的胜利欣喜若狂。这种成为战争狂的悲剧不可能发生在巴霍芬身上。对他而言，精神现实与价值太真实、太明确，以至于他永远不可能崇拜武器和军事胜利。

对巴霍芬和弗洛伊德进行这种比较并不是为了贬损弗洛伊德的伟大。即使阴影减损了天才的光辉形象，伟大依旧存在。进行比较是为了澄清巴霍芬的特殊地位，或许也是为了表达我个人对他的钦佩——他是如此鲜为人知，却能给与我们这代人以及未来如此之多。

这使得我对这样一个问题稍作结论性的评述：巴霍芬的工作可以在哪些方向上继续下去，并作为新发现的来源为人类学、历史、宗教和心理学所用。巴霍芬过去在一个领域已经有了相当大的影响力，那就是马克思和恩格斯关于早期历史中家庭结构、社会结构和经济组织之间联系的研究。恩格斯在其《家庭、私有财产和国家的起源》（1884 年首次出版）一书中证实了巴霍芬的思想对他自己思想的影响。其他人，如刘易斯·H. 摩尔根在其《人类家庭的血缘和姻亲体系》（1871 年）和《古代社会》（1887 年）中，以及多年后罗伯特·布里佛（Robert Briffault）在其著作《母亲》中，提出证据证明母权制结构在许多巴霍芬没有研究过的社会和宗教中也存在。但要说巴霍芬的发现对人类学和历史研究产生推动作用，这仅仅只是一个开始。若将巴霍芬的基本思想运用在研究印度教、墨西哥和中国宗教以及犹太教、天主教和新教的发展之中，将产生新的、具有启发性的洞见。他的理论也极有助于阐明原始宗教以及现代极权主义体系这样的伪宗教现象。只有了解母权和父权功能是如何融合并在不同方向上激发无意识的渴望，才有可能充分理解它们对千千万万人的影响和吸引力。

巴霍芬的理论应用在个人心理学领域也将同样富有成果。它将引发对弗洛伊德乱伦概念和恋母情结概念的必要修正，并将深化荣格在同一领域里的发现。我相信它将有助于形成一种类型学，将人按照以母权为中心和以父权为中心的不同性格进行区分，每一类型都有他们独特的历史和特定的美德和恶习。这可能表明，不同于弗洛伊德纯粹的父权式超我，实际上存在着母权式良知和父权式良知，人的完全成熟建立在这两种良知的综合之上。在它们与父权导向和母权导向的人格分离之后，两种良知的综合由内在于每个人的母权力量和父权力量所建立。

除此之外，巴霍芬的发现将有助于精神病理学领域产生新的洞见。人们可能会发现，以母权为中心的人与以父权为中心的人患有不同形式的精神疾病。对于抑郁，对于一方面是某些形式的接受型性格神经官能症、另一方面是某些形式的强迫性神经官能症和妄想症，人们会有新的理解。作为一个试图以自己最有限的方式将巴霍芬的发现应用于人类学和心理学问题的人，我只能说在我看来，巴霍芬工作中蕴含的丰富启示甚至还未开始被触及。

这并不是说我认为他所有的理论都是正确的。思想史是谬误的历史，巴霍芬也不例外。但重要的是一个观点之中真理的内核，这个内核可以在未来开出丰硕的思想果实。就这一点来说，巴霍芬是最富有启发性和最前沿的思想家之一。

2.《母权论》的社会心理学意义（1934 年）

I.

1861 年，约翰·雅各布·巴霍芬教授出版《母权论》，与同一时期发表的两份科学研究报告一样引起了轰动：达尔文的《物种起源》和马克思的《政治经济学批判》（均为 1859 年）。这三项研究涉及的都是科学专业问题，但所引起的关注却远远超出了专家学者的小圈子。对于马克思和达尔文来说，这是不言而喻的。而巴霍芬的情况则更为复杂。原因首先在于，和马克思主义与达尔文主义相比，母权问题与资产阶级社会利益关系不大；其次，对母权理论的推崇主要来自两个在意识形态和政治观念上完全对立的阵营。刚开始是社会主义阵营，即马克思、恩格斯、倍倍尔（Bebel）等人，发现并颂扬了巴霍芬；接着，在沉寂了几十年之后，在社会学和政治学思想上与社会主义对立的哲学家，如克拉格斯（Klages）和鲍姆勒（Bäumler）等人重新发现巴霍芬。在社会主义思想代表，如海因里希·库诺（Heinrich Cunow）之前，这些极端的观点几乎遭到了官方学界的一致拒绝和忽视。近年来，在学术讨论中，母权问题受到了越来越多的关注，有越来越多的出版物在探讨这个问题，有些持赞许的观点，有些持反对的意见，几乎都带有明显的情感成分。

本文将试图说明，母权问题为什么会引起如此强烈的情感，或者说，它触及了哪些重大的社会利益；其次，反对或支持母权理论的背景是什么；最后，母权问题对研究当前社会结构及其变革的意义是什么。

从对母权理论的关注中找到一个共同点并不难，那就是它与资产阶级民主社会的距离。显然，这种距离是必要的。如果一个社会不仅在某些内容上，而且在基本社会心理特征上都与资产阶级社会截然不同，那就可以让人真正理解这个社会的结构，并从神话、象征、法律制度等材料中去印证它。巴霍芬本人非常明确这一点，他在《母权论》（1954，S. 92）的序言中指出：

“要获得这样的结果（指对母权现象的理解）主要取决于一个前提条件，即研究者须完全放弃他那个时代的思想，放弃那些充斥在他头脑中的观点，并将自己置于一个全新的思想世界的中心……要是选择后世的观点作为其出发点，就会离早期观点越来越远。”

巴霍芬所说的先决条件是由那些否认这个时代的人提出的，他们或是把过去当作失落的天堂来颂扬，或是相信有一个更加美好的未来。但这两个大相径庭的思想阵营间唯一的共同点可能就是母权理论与现在的距离。他们在其他基本观点上的对立思想表明，在母权理论及其所涉及的主题中，一定存在着相当多的异质因素，因而两个阵营所认为的决定性因素是不同的，其母权理论的基础也是不同的。然而，问题肯定不会像鲍姆勒在其论文《浪漫主义神话学家巴霍芬》（*Bachofen, der Mythologe der Romantik*）（1926，S. CCIVf. =1965，S. 216f.）中所写的那么简单：

“但是，如果社会主义者把巴霍芬和摩尔根一起算作其历史哲学的创始人，认为人类发展的开端是共产主义状态，那么绝对是对巴霍芬研究最大的误解了……浪漫主义者巴霍芬致力研究过去，而狂热的革命者马克思则幻想着未来，他反对十九世纪……建议在今后的社会主义研究中，谨慎使用巴霍芬这个名字。”

如果鲍姆勒多一些辩证法思维，就会知道，对立面之间的关系往往比他所感知的要复杂，了解它们之间的关系需要的不仅仅是“谨慎”。

II.

浪漫主义作家的社会理想是倒退的，那么他们对母权理论尤为亲近是什么原因？

恩格斯指出了一方面的原因（F. Engels，1962，S. 473–476），即巴霍芬对宗教的基本态度，恩格斯将其作为批评巴霍芬的核心点。巴霍芬的宗教态度表达得非常清楚：“所有文明都只有一根强有力的杠杆：宗教。人类存在的每一次升降，都源自这一最高领域……崇拜思想是原始的，公民生活形式是其结果和表现。”

（J. J. Bachofen，1954，S. 96 & 100）

肯定不止巴霍芬一人有这样的宗教态度（下文我只关注母权理论的核心，而非其一般哲学基础），但这种态度对巴霍芬的理论具有决定性意义，因为它假定女性和宗教感情之间有密切关联。

“母权文化最适合承担这种等级印记，这是由其天性的内在倾向所决定的。女性对上帝有着深刻而充分的认知，这种认知与爱融合在一起，使女性，尤其是母亲，具有一种宗教奉献精神，一种在最疯狂时代的最强大的精神。”（J. J. Bachofen，1954，S. 96）在这里，宗教天赋被视为女性的一种特殊“天性”，宗教被理解为母权社会特有的特征。然而，巴霍芬认为宗教不仅是一种意识和崇拜的形式。相反，他把人类心理的某种结构归于某种宗教，也就将关系颠倒过来，心理结构从属于宗教，这是他最精彩的思想之一。

巴霍芬理论中浪漫主义的一面在于，他往回看，在过去中寻求幸福。巴霍芬不仅将其爱和兴趣投入人类最早的过去并把它理想化，同时还赞扬了过去对死者的态度，把它看作母权文化的最基本特征之一。巴霍芬在描述利西亚（Lycia）母权社会时写道：“一个民族的整体生活方向基本上可从其对死者的行为判断。对死者的尊敬与对祖先的尊重、对传统的热爱以及对过去的精神追求是分不开的。”（J. J. Bachofen，1926，S. 92）

他发现，“强调自然生命的黑暗死亡”植根于母性-大地的神秘崇拜，是母权情感的特征。鲍姆勒也清晰地阐述了浪漫主义和革命态度之间的对立性：“想要理解神话，必须对过去的力量有透彻的感知；想要理解革命和革命者，则必须对即将发生的事情有强烈的意识。想要理解这种观点的特性，必须始终牢记，这绝不是唯一可能的历史观。从未来的时间中也可能发展出一种历史观：男性-主动的、有意识行动的、革命的历史观。根据这种历史观，人在当下是自由且独立的，能够从无到有自为地创造未来。而根据前一种历史观，人受到出身、血缘和习俗的束缚，成为‘整体’的一员，消失在遥远而未知的过去……在生者做决定时，死者希望在场。他们并没有一劳永逸地死去并从地球上消失：祖先依然在场，他们继续在孙辈的‘区域’中提供建议并采取行动。”（A. Bäumler，1926，S. CXVIII = 1965，S. 118）

巴霍芬认为母权心理结构以及与母权相关的大地宗教概念的决定性特征是其自然观念，将物质视作精神的对立面。“母权是物质的，是只有肉体生活的宗教层次……”（J. J. Bachofen，1954，S. 155）“精神与自然现象的割裂，原因在于对父权的强调，人的存在便可凌驾于物质生活的法则之上。如果说母性原则是大地创造的所有领域所共有的，那么人通过赋予生产能力以优先权而切断了这种关联，并意识到了更高的使命。精神存在高于肉体存在，只有精神存在才能与深层创造产生关联。母性属于人类肉体的一面，与其他生命的关联仅限于此；父性-精神原则为人所独有。通过父性原则，人突破了大地的束缚，把目光投向了宇宙深处。”（J. J. Bachofen，1954，S. 129）

母权社会与自然的关系有两个特点：被动地献身自然和认可所有自然、生物价值，而不承认精神价值。母亲是这一文化的中心，自然亦是如此。对于自然而言，人类始终是弱小的孩子。

[浪漫主义非常熟悉这一思路，例如，戈尔雷斯（Görres）将早期人类比作子宫里的孩子，尚未脱离胎盘。]

“一边（在母权文化中）是物质的束缚，一边（在父权文化中）是精神的发展；一边是无意识的合法性，一边是个人主义；一边是献身于自然，一边是凌驾于自然，冲破存在的固有障碍，用普罗米修斯式的追求和痛苦取代了持久的安宁、平静的享受和日渐衰老的身体中永恒的懵懂。母亲的慷慨馈赠是得墨忒耳[①]奥秘的深层希望，这在种子的命运中有所体现。与此相反，古希腊人想靠自己赢得一切，甚至是至高的存在。在斗争中，古希腊人意识到了自身的父性天性，从而超越了曾经的母性，为达到自我神性而奋斗。古希腊人认为，不朽的源泉不再是女性的生育力，而是男性-创造原则。曾经的世界认为女性生育力具有神性，而古希腊人将神性赋予了这一男性-创造原则。”（J. J. Bachofen，1954，S. 130f.）

母亲、自然、大地及其核心要素的被动奉献，与母权文化的价值体系相一致。只有自然的、生物的才是有价值的，精神的、文化的、理性的是没有价值的。巴霍芬将这一思想清晰地贯彻于权力概念中。在资产阶级自然法中，“自然”是父权社会的绝对化；与此相反，巴霍芬自然法的特点是性欲、自然、血缘价值占主导地位。在该自然法中，没有对罪行和赎罪的理性权衡；“自然”的惩罚原则便是以牙还牙。巴霍芬在阐释埃斯库罗斯的《奥瑞斯提亚》（*Orestie*）时，对母权制“自然法”中的血缘关系进

---

① 希腊神话中十二主神之一，大地和丰收女神。——译者

行过评价，令人印象深刻。克吕泰墨涅斯特拉（Klytemnästra）为了她的情人埃癸斯托斯（Ägysthus），杀死了从特洛伊战争归来的丈夫阿伽门农（Agamemnon）。她和阿伽门农的儿子奥瑞斯特斯（Orestes）杀死了自己的母亲来为父亲报此仇。厄里倪厄斯（Erinnyen），被推翻的母性神灵，因奥瑞斯特斯弑母而追捕他；但阿波罗（Apollo）和雅典娜（Athene）却保护了他。雅典娜从宙斯的头脑中诞生，并非孕育自子宫，所以他们代表的是获胜的父权制神灵。

这场争端的原则是什么呢？在母权中只有一种罪行：伤害血亲。厄里倪厄斯为什么没有追究对婚姻不忠的杀夫犯？“她与被杀的丈夫没有血缘关系。”违背忠诚原则与厄里倪厄斯无关；但如若伤害血亲，则无法逃脱自然原则以牙还牙的无情惩罚，即便这一行为有着更为正义或情有可原的动机。

妇权（Gynäkokratie）是“血缘和爱的世界时间，与意识行为的男性-阿波罗式的世界时间截然不同”（A. Bäumler，1926，S. CCXXXIII；1965，S. 248），其范畴为“传统、世代以及血缘和生育所维系的生命关联”（1926，S. CXIX；1965，S. 119）。巴霍芬明确了这些范畴的具体含义，将其从哲学空想领域提升到民族学实证研究领域，从而赋予其全新的意义。母亲的具体形象和可验证的母权秩序取代了自然和“自然”生命秩序的模糊概念。

巴霍芬不仅赞同浪漫主义的那种向后看、给予自然、肯定自然的态度，并且汲取浪漫主义极富成效的思想作为其作品的核心思想，同时继续发展了这一理论，远远超出其在浪漫主义哲学中的含义：男性和女性的区别存在于一切有机自然以及精神和心灵中。因为这一观点，浪漫主义以及德国理想主义的一些代表与其他理论形成了严格对立，尤其是十七、十八世纪法国出现的理论。后者的核心思想是：灵魂没有性别（Les âmes n'ont point de sexe）。一系列著作探讨了男性和女性的关系，并一再得出结论：在精神和心灵上，男性和女性并不存在差异，而两性在心理上的差异完全是由不同的教养所造成的。教养不仅导致了两性的差异，而且对社会其他群体也有着同样的影响［比如爱尔维修（Helvetius）所说的王公贵族与仆人］。［此处及后文历史论述参见：保罗·克拉克霍恩（Paul Kluckhohn）在1931年出版的《十八世纪文学和罗马文学中的爱情观》（*Die Aufffassung der Liebe in der Literatur des 18. Jahrhunderts und in der Romantik*）的丰富材料。两性基本相同的观点导致的结果可能是，启蒙运动时期认为女性对性过于敏感。至今仍有一些人持有这种观点，认为女性事实上只是残缺的男性。在这一点上，弗洛伊德的女性心理学与启蒙运动关系密切。］

两性基本相同的观点与某种政治诉求密切相关。这种诉求或多或少是明确且激进的，在资产阶级革命的时代发挥了重要作用：女性解放，女性要求精神、社会甚至政治平等。在此，理论和政治诉求之间的关系显而易见，两性相同理论是要求女性政治平等的基础。然而，两性相同或明或暗都意味着，在资产阶级社会中，女性在本质上与男性是平等的，所以解放的含义并非让女性发挥其尚未展示的特殊才能和可能性，而是从男性那里获得解放。女性的“人性”解放实际上是其资产阶级-男性解放。

随着政治倒退运动（1793年，巴黎妇女俱乐部被关闭）的展开，两性关系理论，或者说是男人和女人、男性和女性的“本质”理论发生了改变。灵魂无性和两性基本相同的理论被两性差异理论所替代。该理论认为，两性之间存在基本差异，这是“自然”且无法改变的。正如克拉克霍恩（1931）所论述，卢梭（Rousseau）、赫尔德（Herder）、洪堡（W. v. Humboldt）、席勒（Schiller）、费希特（Fichte）、施莱格尔（Schlegel）、施莱尔马赫（Schleiermacher）和谢林（Schelling）或多或少都明确持有这一观点。

到浪漫主义晚期，男性和女性之间的普遍差异在历史学、社会学、语言学、神话学和生理学问题的探讨中得到了进一步发展和丰富。然而，与德国理想主义和早期浪漫主义相比，晚期浪漫主义对女性的理解似乎呈现出一种意义转变的趋势。之前，女性基本上都是“爱人”，与之结合是进入真正的“人性”；而后女性逐渐成为母亲，与之结合是回归“自然”，在自然怀抱中产生新的和谐。这可能是早期和晚期浪漫主义之间的本质区别，而不仅仅是像鲍姆勒（1926，S. CLXXVIII）所认为的那样，只有晚期浪漫主义才将女性理解成为母亲。[参见克拉克霍恩（1931）关于戈尔雷斯、穆勒（A. Müller）和格林（J. Grimm）的论文。]

启蒙运动否认灵魂中的性别差异并宣称两性平等时，实则是将人理解为资产阶级男性，但无论如何，这一理论都是争取社会解放和两性平等的表现。而资产阶级的巩固则不再需要两性平等的思想。在这一时期，必须出现一种两性自然差异理论，从而在这种本质差异的基础上，推导出两性的社会功能差异。虽然，和“浅薄”的启蒙运动相比，这种理论提出了在心理学上更深刻、在多方面更正确的观点，但无论它对女性尊严有着多么崇高的评价，目的仍然是为了维持女性作为男性奴仆的依附地位。

稍后将说明，阶级社会与男性对家庭的统治之间紧密关联的原因及方式。比较明确的是，普遍意义的两性差异理论对男权阶级的统治代表来说一定极具吸引力，这可能是保守派阵营青睐巴霍芬的重要原因之一。但仍需强调的是，巴霍芬始终如一地贯彻了性别差异原则，并将其用于早期的社会和文化现象，从而发现了女性的优越性和权威性，这令他在很大程度上克服了该理论可能出现的反叛性。

浪漫主义观点的一个基本特征是，两性差异并不是在社会条件下历史发展的产物，而是在生理上给定且永恒的。相对来说，很少有研究关注两性特征的自然性问题。人们要么把资产阶级女性人格视作其“本质”表现；要么像费希特那样，从性行为的“自然”差异中，肤浅地推导出两性原则的本质差异。

晚期浪漫主义将女性概念还原为母性概念，同时超越模糊推论，对历史和生物现实中母性-女性原则的作用进行实证研究，从而赋予这些概念以非凡的深度。即使巴霍芬本人无法全然摆脱本质差异的“自然性”观念的影响，但他还是得出了这样的见解：女性本质是在生活实践中发展出来的，即早期女性对弱小孩童的照顾，这种生活实践受到了生理情况的制约。而后，巴霍芬的这一思想得到了多方论证，并在布里佛的作品中发挥了决定性作用。（参见 E. Fromm，1933a）

这些事实均可证明，巴霍芬远远不是克拉格斯、鲍姆勒阵营所希望的那种纯粹的浪漫主义者。巴霍芬将母权社会称为“有福的”社会，这是最高褒奖。他认为，母权社会所包含的特征与社会主义理想有着密切的关联：母权社会的中心思想之一便是对物质福利和世俗幸福的关怀。这在后文还将详细讨论。

在其他方面，巴霍芬所描述的母权社会现实也与社会主义目标有很大的亲缘性，与浪漫主义的反叛愿望相对立。他笔下的母权社会是一个原始民主的社会，性行为未受基督教贬低，母爱和同情是道德的准则，侵犯同胞是最严重的罪行，还不存在私有财产。有关私有财产问题，正如凯勒斯-克劳兹（C. von Kelles-Krauz，1975，S. 82）所指出的，巴霍芬在《古代书信》（*Antiquarische Briefe*）中复述了阿特纳奥斯（Athenäus）的一个美丽童话：繁茂的果树不再生长，美妙的泉水不再流淌，因为人们将其变成了私有财产。巴霍芬经常会展现出辩证思维，尽管并非一以贯之。例如，他会说：“为了更容易理解，得墨忒耳式妇权制需要更早的、更原始的条件，其基本生活规律是与其产生时相反的规律。这样一来，母权制的历史性就成了杂婚制（Hetärismus）历史性的保证。”（J. J. Bachofen，1954，S. 108f.）

在某些方面，巴霍芬的历史哲学与黑格尔的历史哲学相似：“从母权观念到父权观念的转变，构成了性关系史中最重要的转折点……精神与自然现象的割裂，原因在于对父权的强调，人的存在可凌驾于物质生活的法则之上。”（J. J. Bachofen，1954，S. 128f.）。在他看来，人类命运的最终目标是“将尘世存在提升至纯粹神性父权原则”（J. J. Bachofen，1954，S. 141）。

他认为，古罗马战胜东方，特别是战胜迦太基和耶路撒冷，便是父权-精神原则战胜母权-物质原则的历史实现。“决定人类命运的并非物质法则，而是精神自由。欧洲人准备让这一古罗马式思想在全球留下印记。”（J. J. Bachofen，1954，S. 287）

这样的巴霍芬和作为巴塞尔贵族的巴霍芬之间存在着尖锐的矛盾。作为贵族，他是女性政治解放的反对者，他认为：“民主总是通过环境的力量带来暴政；我的理想是共和国，是由最优秀的公民执政，而不是由众人管理。”（引自 C. von. Kelles-Krauz，1975，S. 83）矛盾存在于各个层面：在哲学层面上，是虔诚的新教徒和理想主义者与浪漫主义者之间，以及辩证论者和自然主义形而上学者之间的矛盾；在社会和政治层面上，是反民主主义者和共产主义-民主社会结构代表之间的矛盾；在道德层面上，是新教资产阶级道德观的信奉者和性自由社会而非一夫一妻制社会的捍卫者之间的矛盾。

与克拉格斯和鲍姆勒不同的是，巴霍芬几乎没有尝试去调解这些矛盾。正因如此，他获得了一些社会学家的高度认可——他们对改革不感兴趣，而只关注社会和精神结构的根本变化。

巴霍芬可以承受这些矛盾，几乎不加掩饰，这在很大程度上可能基于他个人的心理和经济情况。首先，他心胸宽广；其次，他对母权的热爱显然是基于对母亲的强烈依恋，他在母亲去世后四十年才结婚，这一点便是有力的证明；此外，他继承了千万财产，因此可与某些资产阶级理想保持距离，这对于崇尚母权的巴霍芬来说是必要的。而另一方面，作为巴塞尔贵族，他根植于无法撼动的父权传统中，不得不坚持传统的新教资产阶级理想。

舒勒（Schuler）、克拉格斯和鲍姆勒等新浪漫主义者热爱的只是巴霍芬的一面。他们只知道巴霍芬的非理性主义、对自然的虔诚、对大地和血缘关系的自然主义价值的排他性肯定。通过片面地诠释巴霍芬，他们轻而易举地解决了巴霍芬的矛盾性问题。

克拉格斯认为，“精神”是“生命”的破坏者。因此，他解决这一难题的方法是，将巴霍芬的自然主义形而上学视为其思想的基本核心，将新教理想主义视为其思想的次要附属品，并使用了“头脑”和“心灵”这样的对立性评价术语。鲍姆勒就此提出了反对意见，但他的诠释更为断章取义。克拉格斯至少认为巴霍芬是反新教和反理想主义的，而鲍姆勒却秉承其个人的父权主义态度，宣称巴霍芬作品中最重要的部分，即对母权社会的历史和心理研究，是次要的，只有自然主义形而上学才是重要的。他写道，巴霍芬将女性称为“远古群体社会的中心和纽带”，这无疑是一个“错误的假设”。“母权部分”属于“系统性的部分，也就是作品中最薄弱的部分”（A. Bäumler，1926，S. CCLXXX；1965，S. 299）。在他看来，人类历史之初是否有一夫一妻制的存在，也是非常值得怀疑的；作为社会现实的母权，对他来说却是次要的：

“即使事实证明，印欧母权从未存在过，但大地宗教对于理解古代和远古历史仍然具有决定性的意义。巴霍芬的诠释基本上独立于民族学和语言学的研究结果，因为他并没有以社会学或历史学假设为基础……巴霍芬历史哲学的基础在于其形而上学，而形而上学重要的是深度；文化哲学（社会学和历史学）的错误很容易纠正，而有关人类起源的科学著作如果没有错误，就没有什么可以纠正的，但也没有什么可以承认的。”（A. Bäumler，1926，S. CCLXXX；1965，S. 299）

巴霍芬的理论将人类的第一次升级归功于女性，“太过分了”。这是一个“错误的假设”。当然，重要的不是母亲作为一个真正的社会或心理现象；即使我们放弃了这些“错误的假设”，“我们仍然保留了本质：宗教范畴下的母亲，巴霍芬以此丰富了人类的意识思维，特别是历史哲学”（A. Bäumler，1926，S. CCLXXXI = 1965，S. 300f.）。所以，巴霍芬认为性是母权的基本特质，而鲍姆勒却谴责道，对性的肯定是典型的“东方”式思想。他以他个人的“纯洁性”等概念论证对巴霍芬性思想的“公正评价”，就不足为奇了。

鲍姆勒的诠释思路非常明晰：认为巴霍芬作品中最重要的部分，即社会学和心理学部分，是错误的或无关紧要的，只有他的自然主义形而上学值得关注和称赞。如果像鲍姆勒那样，将这种形而上学与极度的父权理想结合在一起，那么我们对巴霍芬的理解甚至都达不到片面诠释的程度。

III.

社会主义者也看到了“神秘主义者”巴霍芬，但他们更关注和青睐民族学家和心理学家巴霍芬及其相关著作，这部分内容奠定了巴霍芬在科学史上的重要地位。

在十九世纪，巴霍芬《母权论》的知名度要归功于弗里德里希·恩格斯，他在《家庭的起源》(*Der Ursprung der Familie*, 1884)中详细介绍了该书以及摩尔根的一本著作。他写道，家庭的历史最早可以追溯到巴霍芬的《母权论》，并引用了巴霍芬的重要论点，批评了他从宗教中推导出社会关系的理想主义立场，随后却接着说道：

“但这一切并不影响他的开创性功绩。在他之前，关于未知原始状态的无序性交现象均是一些空谈，而巴霍芬首先在古典文献中找到了大量蛛丝马迹，并向我们证明：在单一婚姻之前，古希腊人和亚洲人中确实存在着一种情况，即不仅一个男人可以与几个女人性交，而且一个女人也可以与几个男人性交，这并不违反习俗；这种习俗的消失留下的痕迹是，女性需要付出一定的代价来换取单婚的权利；因此，最初的血统是按照母系来计算的；母系血统的唯一有效性一直保持到单一婚姻时代，那时已经可以确定或认定父亲身份；作为子女唯一确定的父母，母亲以及女性的原始社会地位比在此后所有时代都要高。巴霍芬因其神秘主义观念，并没有清晰地表达出这些论点。（恩格斯在它处称他为“杰出的神秘主义者”。）但他证明了这些论点，这就意味着在1861年发生了一场彻底的革命。”（F. Engels，1962，S. 476）

十六年后，美国民族学家摩尔根使用了不同于巴霍芬的研究方法和证明材料，论证了母权社会结构的存在。马克思和恩格斯仔细研读了摩尔根的作品《古代社会》（*Ancient Society*，1877），恩格斯的家庭研究就是以此书为基础的。恩格斯在谈到摩尔根发现了母系氏族时说道，它“对史前史的意义就像达尔文进化论对生物学的意义和马克思的剩余价值理论对政治经济学的意义一样”（F. Engels，1962，S. 481）。这是恩格斯可以给予的最高评价。他继续道：“母系氏族已经成为所有科学研究的支点；自从发现它以后，人们就知道了研究方向和研究内容，以及对研究成果进行归类的方式。”（F. Engels，1962，S. 481）发现母权制所产生的巨大影响绝非仅限于恩格斯一人。马克思也留下了详细的批注，恩格斯在撰写家庭历史时就用到了这些批注。倍倍尔的《妇女与社会主义》(*Die Frau und der Sozialismus*，1878）一书非常厚，有五百一十六页，却有五十多个版本，是社会主义著作中阅读量最高的书籍之一。该书便是完全以母权理论为基础的。追寻着巴霍芬的精神，保罗·拉法格（Paul Lafargue）谈到了“在原始社会中，女性拥有的是女祭司、秘密守护者（initiatrice）的崇高地位”(引自 C. von Kelles-Krauz，1975，S. 85)，以及在未来社会中，女性要恢复这一地位。

一些社会主义学者肯定了母权制理论的积极意义，如凯勒斯-克劳兹认为巴霍芬“在资产阶级文艺复兴之中挖出了共产主义精神的宝贵元素，推动了新型革命的文艺复兴”(C. von Kelles-Krauz，1975，S. 524)。但马克思主义学者，如海因里希·库诺，却和其他多数学者一样果断地远离了巴霍芬。罗伯特·布里佛秉持历史唯物主义思想，却不知不觉地延续了巴霍芬和摩尔根的路线，并在《母权论》出版六十六年之后，出版了著作《母亲》(1928)，重新探讨了母权问题。(限于篇幅，不再赘述其他母权相关的文献，近些年相关研究特别多。)

正如上文所述，最初，社会主义者对母权理论持积极态度，是因为该理论与浪漫主义作家一样，与资产阶级社会保持了情感和思想距离。母权理论还证明了现有社会关系的相对性，即一夫一妻制绝非永恒、“自然”的制度，尽管鲍姆勒认为该论证并无说服力且无足轻重；但对于旨在从根本上改变现有社会关系的理论和实践来说，该论证像达尔文的《通过自然选择的物种起源》(*Die*

Entstehung der Arten durch natürliche Zuchtwahl，1858）一样重要。

巴霍芬本人就其理论与政治立场相悖的问题表述如下："婚姻结合的排他性似乎与人类本性的高贵和更高的使命紧密相关，因而多数人视之为原始状态，并认为更深层次的、杂乱无序的性关系是对人类起源的凭空揣测，毫无意义，从而将之归入梦的范畴。谁不愿意赞同这种观点？这样便可使我们的种族免于不堪的童年记忆。但是，历史不允许我们骄傲和虚荣，不允许我们否认人类在婚姻道德上的进展极其缓慢。历史证据带着压倒性的力量向我们袭来，完全无法抵抗与防御。"（J. J. Bachofen，1954，S. 107f.）

母权理论除了揭示资产阶级社会结构的相对性之外，其具体内容同样引起了马克思主义者的共鸣。首先，该理论发现有这么一个时期，女性不是贸易的对象、不是男性的奴隶，而是社会的权威和中心，这是女性在政治和社会解放斗争中的重要支持。无阶级社会战士将继续十八世纪的斗争。在《妇女与社会主义》一书中，倍倍尔就详细论述了这一问题，傅立叶（Fourier）也曾强调过这一问题。下文将会提到另一个社会心理学观点。

父权制社会结构的社会心理学基础与现有社会的阶级特性密切相关，它基于某些心理态度和部分无意识本能之上，有效地补充了统治机构的外部强制力。父权制家庭是精神态度的重要生产场所，这种精神态度对阶级社会的稳定非常有效。（参见 E. Fromm，1932a，S. 42f.）我们在这里所探讨的是一种非常重要的复杂情感，我们可以称之为"父权中心主义"，其特点是：在恐惧、爱和恨的混合情感中对父权的有效依赖，面对弱者时的父权认同，严格的超我，比幸福更重要的责任，以及从超我的要求和现实的差异中不断产生的负罪感，包括后者在顺从权威意义上的有效性。这一社会心理事实便解释了，为什么家庭总是被视为社会的基础或重要支柱，以及为什么对家庭的理论攻击，如母权制理论，总是能得到社会主义学者的共鸣。

对我们的问题研究特别重要的是，巴霍芬和摩尔根所描述的母权制社会、心理、道德和政治情况几乎相同。巴霍芬认为，当前社会是不得不超越的阶段，而摩尔根在谈到更高的文明时说道："它将会是原始自由、平等、博爱的重复，但以更高的形式。"巴霍芬生动地描绘了母权社会自由、平等、博爱的图景及其详细特征。母权社会的主宰原则不是恐惧和顺从，而是爱和同情。

"人类的第一次成长开化、发展出种种美德以及高贵的存在，都是母性的魔力。它在充满暴力的世界里发挥着爱、和谐、和平的神圣原则。在照顾胎儿的过程中，女性比男性更早地学会了将关爱从自我范围扩展到其他生命，并将精神创造力用于保护和美化他人的存在。（请注意，巴霍芬并没有从女性的"天性"或"本质"中推导出母爱的特殊品质，而是从生命实践推导出来的，尽管受到了生物条件的限制。）道德的每一次提升、生活中的每一次善举、每一种奉献、每一种关怀、对死者的每一种哀悼……皆源于此。

源于母性的爱不仅更真挚，而且更普遍和广泛……父权原则存在限制性，而母权原则存在普遍性；父权原则需要限制在狭小范围内，而母权原则不存在限制，就像自然界不存在限制一样。人与人之间的普遍情谊源于母亲的孕育，对这种情谊的意识和认知随着父权的形成而消失。以父权为基础的家庭比较封闭，构成了单独的有机体；而以母权为基础的家庭则具有典型的普遍性特征，是所有发展的起点，重视物质生活而非更高的精神生活。大地之母得墨忒耳赋予女性生育能力，让女性的子宫孕育自己的兄弟姐妹，大地之上皆为兄弟姐妹。而随着父权的形成，大一统被消解了，分裂原则战胜了无差别性。

在母权国家，母性原则体现在很多方面，甚至是在法律上。母权法保障了普遍的自由和平等原则，我们经常可以在妇权民族的生活中看到这一母权基本特征……最后，母权法还体现了对亲情和同情的特别赞美，这些情感没有边界，平等地包容民族的每一个人。妇权国家抵制内部纷争，厌恶不和……伤害同胞的身体甚至包括动物，会受到严厉的惩罚……埃及雕塑的面部表情折射出温和的人性特征，这种特征渗透在母权世界的道德中，并使其带上母性精神所包含的幸福色彩。”（J. J. Bachofen，1954，S. 88-91）

这里所使用的“人性”概念容易引起误解。鉴于社会结构的截然不同，它的含义不可能与启蒙运动的“人性”概念相同。这也解释了“人性”与刑法中“以牙还牙”原则之间其实并不矛盾。在犯罪和惩罚中，人们感受到的是自然主义的报应思维，但在法律领域之外，盛行的却是一种肯定生命的精神。

巴霍芬还提出了母权社会另一个至关重要的特征，即对人类世俗的物质幸福的关怀，这也是他为社会主义者所接受的一个重要原因：“从母亲生育开始……妇权社会完全处于自然生命的物质和现象之中，并从中获得其内部和外部的存在规律。与后世相比，妇权社会能更直观地感受到所有生命的统一性以及万物的和谐性，因为它目前仍处于这种状态之中。妇权社会也能更深刻地感受到死亡的痛苦和尘世生命的脆弱。女性，特别是母亲，悲叹着寻求更高的安慰，并在自然生命的表象中找到了它，反过来与女性生育力、母爱的包容、爱护、滋养联系起来……妇权社会是物质的，将关怀和力量投入物质存在的美化中……”（J. J. Bachofen, 1954, S. 105）

即使在理论上，这种自然唯物主义与辩证唯物主义有很大的不同，但它包含一种社会享乐主义，所以历史唯物主义者很容易接受它。在分析狄俄尼索斯（Dionysos）① 崇拜时，巴霍芬总结了母权社会的重要原则，在前文介绍的原则基础上，特别提出了唯物主义政治特征，对我们所探讨的问题具有启发意义：

“他感性，重视性爱需求，因而内在与女性亲近，并与之建立了优先关系……狄俄尼索斯崇拜……解开了所有的枷锁，消除了所有的差异，并通过将人类精神转向对物质和美化肉体存在的关注，使生命本身返回物质规律之中……在复杂的分化中，民主法则、无差别大众法则，以及自由和平等原则持续有效，彰显自然生活而非文明秩序，属于人类本性中身体-物质的一面。前人非常清楚这层关联，以格言的形式加以强调，并在历史资料中向我们展示，肉体解放和政治解放是历史必然，而且始终相关，就像是不可分割的孪生兄弟。狄俄尼索斯宗教同时也是阿佛洛狄忒②式享乐以及博爱的神化，因此特别为服务阶层所喜爱……自

① 希腊神话中十二主神之一，酒神。——译者
② 希腊神话中十二主神之一，爱、美、性欲女神。——译者

然赋予女性的所有魅力，不是为了让其在个人的怀抱中枯萎；物质法则拒绝一切限制、憎恨一切羁绊，并将一切排他性视为对神性的亵渎。”（J. J. Bachofen，1954，S. 118-120）

由于巴霍芬明确指出了母权结构的阶级背景以及性解放和政治解放之间的关联，所以社会主义者对此的立场毋庸置疑、无须多言了。而资产阶级社会与其盛行的性道德之间的关系亦非常重要也非常复杂，仍需作简要说明。

一方面，如果认为性限制完全是由阶级社会的本质所决定的，而无阶级社会一定会重复巴霍芬所描述的无序和无限制的性关系，那必然是错误的。另一方面，可以肯定的是，贬低和限制性享乐对阶级社会的存续有着重要的作用；巴霍芬的理论实际上攻击了这种道德观，这可能是社会主义者接受巴霍芬的另一个原因。下文将对这一论点进行解释，而非证明。

性是给予人类满足感和幸福感最基本和最有效的方式之一。如果在人性生产发展的必要限度内，而非在统治大众所需的限度内，允许性行为的发生，那么幸福感的提升必然会导致对生活其他领域的要求提高，即对物质需求的提高，从而导致现有社会秩序的瓦解。

与此密切相关的是限制性满足的另一个社会功能。通过宣称性享受是有罪的，从而生成道德谴责；又因为性欲是每个人永恒有效的追求，从而导致人们不断产生负罪感，即使有时候是无意识的或表现为其他形式。但这些都是具有决定性社会意义的，会让人们认为，痛苦的产生是对自己罪过的公正惩罚，而不是因为社会组织的缺陷所导致的。这就形成了一种情感上的恐吓，反过来对思维能力以及批判能力形成限制，后者与对社会道德标杆的情感依恋相关。值得一提的是，性是否真的被压制，还是仅仅被打上非道德的烙印（对儿童性行为的禁忌便是这烙印的体现），并不具有决定性意义。无论如何，对性的贬低仍然是持续产生负罪感的源头。

最后，还要提到另一个观点。人格心理学临床分析研究的初步研究成果表明，允许或压制性满足对驱动结构和人格结构都有重要影响。（参见 E. Fromm，1932b）一方面，“生殖器特征”（genitaler Charakter）的形成取决于性限制的消除，因为性限制与人格的最佳发展原则是异质的；精神独立和心灵独立的社会意义不言而喻，它们也是生殖器特征无可争议的品质之一。另一方面，对生殖器性行为的压制会导致肛门施虐以及潜在的同性性交等驱动倾向的出现或加强，这对现有社会的驱动基础具有决定性意义。

上述论述旨在阐明，为什么母权理论会被两种极端不同的政治倾向在思想和情感上所接受。我们试图论证，其原因在于巴霍芬本人的矛盾：新浪漫主义者接受的是形而上学者巴霍芬，他们直接否认了巴霍芬的另一面；而社会主义者尽管对“神秘主义者”巴霍芬有清楚的了解，但他们接受的是民主、自由的社会结构的发现者和崇拜者巴霍芬。

此外，巴霍芬的接受情况分析还揭示了，当下想要对母权问题进行公正科学的探讨所面临的困难。尽管参与母权理论细节争论并不是社会学家或心理学家的任务，但根据他们对这一理论的社会意义的见解，他们有理由认为，母权理论遭到普遍拒绝可能是出于情感和歉疚等原因。

鉴于民族学的研究现状，客观地驳斥母权理论代表学者的个别论断是非常容易的。但是，如果民族学家因为科学以外的动机而对该理论持有偏见，那么客观批评就不再具有积极作用，而只能产生消极作用，即通过对个别论断的否定来“扼杀”整个理论；这种“批评”态度的反智识效果往往不亚于教条式的否定，甚至会更严重，因为它更难识别。

IV.

无论母权研究的个别论断是否正确，毋庸置疑的是，有一些社会结构可以被称为“母系”结构。下文中，我们将在《母权论》社会心理学意义的基础上，探讨以下问题：为什么过去以及未来的母权研究对于理解当前的社会结构及其嬗变是重要且富有成效的。

人类的性欲是社会生产力的一种，具有一定程度的可塑性和变化性，基本与所在群体的经济和社会情况相匹配。一个社会群体所共有的心理结构，同时也是维持社会稳定不可或缺的支柱。然而，只有当心理结构和经济条件之间的矛盾控制在一定范围内时，前者才能发挥稳定社会的作用。在这种情况下，心理力量就能够消解和改变现有秩序。此外，值得注意的是，不同阶级的心理结构完全不同，也有可能是截然相反的，这取决于其在社会进程中的角色。（参见 E. Fromm，1932a & 1932b）

即使个人因其体质和命运的缘故，特别是童年时期的命运，与群体其他成员的心理有所不同，但其心理结构的绝大部分仍然是与其所处的阶级以及整体社会情况相匹配的。对特定阶级和社会的典型心理结构以及对特定社会中心理生产力的认知，甚至不如对经济和社会结构的认知更先进。这部分原因在于，研究者本人是由其所处社会的典型心理结构所塑造的，他只能理解与其相似的精神，所以很容易陷入一种误区，即认为他自己的心理结构和他所处社会的心理结构是一种自然的、“人性的”心理结构，而忽视了这样的事实：在不同的社会条件下曾有不同的驱动结构发挥着生产力的作用，而且可能还将继续发挥作用。

母系文化研究对社会研究的重要性在于，我们可以在母系文化中看到与我们这个社会完全不同的心理结构，这将极大地丰富社会研究，尤其是所谓的“母系”情结，这是一个与“父系”情结相对的概念。下文将会简要地阐明这一论点，但只是为了指出问题，而不是解决问题。

父系情结是一种心理结构，其中与父亲或与其心理等价物的关系是核心客体关系。弗洛伊德在其（积极的）俄狄浦斯情结概念中发现了这种结构的关键特征，但如上所述，他与“他的”社会缺少距离，所以高估了这一特征的普遍有效性。男孩的性冲动与其母亲相关，因为母亲是男孩第一个最重要的女性爱慕对象，这令他认为，父亲是自己的竞争对手。然而，只有在父权制家庭中，当父亲拥有支配孩子生活的权威时，父子对立关系才有特殊意义。孩子想要取代父亲，但因为生理原因，这一愿望无法实现。正如弗洛伊德进一步所述，父亲的这种双重角色导致这一愿望在某种程度上转变成对父亲的认同：父亲作为道德承载者对孩子形成心力内投，极大地促进了孩子良知的形成。但心力内投只取得了部分成功，与父亲的竞争关系导致孩子形成了一种矛盾的情感：一方面渴望得到父爱，另一方面则是或多或少地公然反抗父亲。

同时，父系情结也是由父亲的心理过程所构成的。在父亲的内心也存在着对儿子的嫉妒，部分原因在于和儿子相比，父亲的生命力是一个下降的过程。此外，社会性因素也很重要：孩子还不需要承担社会责任。很明显，父亲所承受的压力越大，嫉妒心就越强。

对于父亲对儿子的态度及其心理结构的形成，一个更重要的原因可能是社会经济现实。儿子可能会面临两种情况：在特定经济条件下，儿子是父亲财产的继承人；在没有财产可继承的情况下，父亲因年老或疾病失去了工作能力，儿子极有可能是父亲的赡养者。他就像是投资对象，投资资本即其抚养费和教育费，从经济角度来看，其作用类似于养老或残疾保险。此外，儿子对父亲的社会声望有着重要影响，儿子的社会认可能够提高父亲的声望，儿子的失败可能削弱父亲的声望。（儿子在经济上或声望上的成功联姻，和其他社会成就一样，也能提高父亲的声望。）

儿子的这种社会和经济功能导致的结果是，一般情况下，“教育”的目标根本不是儿子的幸福，即最大限度地发展他的个性，而是最大限度地满足父亲的经济和声望需求。在儿子的幸福及其效用之间往往存在客观冲突，但父亲通常不会意识到这一点，因为社会意识形态让他认为，这两个目标是一致的。父亲还经常会与儿子产生身份认同，不仅期望他做对社会有用的事，而且期望他实现自己未曾实现的愿望和幻想，这使情况更加复杂。儿子的这些社会功能决定了父亲对儿子的情感态度。父爱的条件是，儿子能满足父亲的期望。若非如此，父爱就会被削弱，甚至变成仇恨和蔑视。（基于这种关系，最得宠的儿子是父系结构的特征，他能最大程度地满足父亲的期望。在许多父系结构的民族和宗教中都有这种儿子的形象，并发挥着重要作用。）

父爱的条件性会导致两个典型后果：第一，内心缺乏安全感，因为安全感来自无条件的爱；第二，增强良知，或将履行责任视为生活中心，因为只有这样才能保证能获得一定程度的爱。然而，即使最大限度地满足良知的要求，也无法阻止负罪感的产生，因为人永远都达不到理想标准。

相反，母亲对儿子的爱往往具有截然不同的特征，主要是因为在生命的最初几年，这种爱是无条件的。（我们在这里谈到父爱或母爱时，指的是“理想典型”。由于种种原因，一些父爱或母爱不属于这种理想典型，这也是理所应当的。）母亲对弱小孩子的照顾和孩子所必须承担的道德或社会责任无关，甚至与孩子对母亲的爱无关。母爱的无条件性是在生活实践中形成的，是由生理条件所决定的，并为女性的固有特质所加强。另一方面，由于母亲不具有财富和声望的增值者和守护者这一经济功能，母爱受社会因素的干扰程度要小得多。母爱（或其心理等价物）不受制于任何条件，其确定性便意味着，满足道德要求所起的作用不大，因为这不能满足爱的需求。

然而，这些特征与当代父系社会中母亲的传统形象有很大出入。当代社会基本只承认男性的勇气和英雄主义（他们身上的这些品质实际上与自恋密切相关），而母亲的形象则被转化为感性的弱者。母爱的对象不仅是自己的孩子，甚至不仅是孩子，而是整个人类。但在当代母亲形象中却没有出现这种母爱，而是出现了资产阶级所特有的所有权意识。这种母亲形象的嬗变是社会因素干扰母子关系（既影响母亲又影响孩子）的表现。其另一个后果是，孩子对母爱的渴望转变成为保护母亲的渴望。母亲被“高高举起”，置于“一切之上”，这同时也是俄狄浦斯情结的表现。母亲不再具有保护功能，相反，她必须被保护起来，保持“纯洁”。破坏原始母子关系带来的影响还涉及母亲的象征符号，如国家、人民、地球等，并在目前极度父系的意识形态中发挥了重要作用。母亲及其心理等价物并没有消失，但功能已经发生了改变：保护者变成了需要保护的人。与此相匹配的还有女性在这些体系中的地位。

总而言之，父系的特点是一种情结，主要由严格的超我、负罪感、对父权的顺从之爱、对弱者的权力欲望、因负罪感而接受痛苦作为自我惩罚，以及被干扰的幸福感等情感因素所构成。与此相反，母系情结的特点是对无条件母爱的乐观信任、极少的负罪感、极少的超我力量、极强的幸福感和享受力，并同时构建理想，发展给予弱者同情和爱的母性品质。

此处，我想指出，父系特征与分析理论术语中的“肛门人格”和“强迫型人格”相近，而母系特征则与“口唇人格”相近。口唇人格和口欲施虐人格截然不同，口欲施虐人格可称为“寄生虫式”人格，其特点是只想索取和拥有，却从不想付出。在欲望没有得到满足的情况下，口欲施虐人格的反应是愤怒，而母系特征则是悲痛。

尽管存在着上述关联，但前生殖器人格结构类型和父系、母系特征类型之间拥有根本的区别。前生殖器人格结构类型是前生殖器期口唇型或肛门型人格的确定，通常与成熟的“生殖器人格”相反。但以支配性客体关系为特征的类型与生殖器人格并不处于对立关系。母系特征类型可能是口唇型前生殖器人格，即或多或少呈现出被动的、依赖的、需要帮助的特质；但也可能是口唇型“生殖器人格”，即展现为心理成熟的、主动的、无拘无束的和非神经质的特质。这里提到的类型并不考虑成熟度的差异，只涉及人格结构的内在特质。进一步的研究便是要分析父系和母系结构中生殖器和前生殖器人格之间的差异，但在本文中就不作详细讨论了（参见 W. Reich，1933）；我们认为，一种既不基于“感性区”也不基于临床症状学，而是基于客体关系的类型学，将会给社会研究注入新的活力。这些类型与分裂型和循环型（Kretschmer）、统一型和非统一型（Jaensch）以及内向型和外向型（Jung）的关系留待讨论。

虽然每个社会都有可能出现父系和母系两种特征类型，这主要是由童年时期个人家庭关系所决定的，但在不同的社会形态中似乎存在着不同的主导类型。在资产阶级-新教社会中，主导类型可能是父系特征；而在中世纪天主教社会以及欧洲南部，则是母系情结。

我们在这里所碰到的问题，马克斯·韦伯（Max Weber）已作过精彩的分析，即资产阶级资本主义与新教教义之间的关联，以及天主教教义与天主教国家经济精神之间的关联。尽管韦伯在其著作中的个别论述遭到了一些批评，但这种关联的发现依旧是宝贵的科学财富。马克斯·韦伯是从意识心理学的角度来分析这个问题的，但是只有驱动结构分析才能真正解释清楚这种关联。经证明，驱动结构是资本主义-资产阶级精神以及新教精神的基础，因而只需明确，父系和母系情结在这种驱动结构中的作用。

即使天主教因其男性-父神以及男性神职人员等级制度而呈现出许多父系特征，但其母系情结的重要作用是毋庸置疑的。仁慈的圣母和教会本身在心理学上便象征着伟大的母亲，所有的孩子都是她孕育的，在无意识中，上帝也被赋予了某些母性的特征。只要人们还信仰天主教，或者重回它的怀抱，那么“教会之子”肯定能够得到母性教会的爱。这种亲子关系是通过圣事实现的；当然，道德要求起着重要的作用。但通过一种复杂的机制，道德要求虽然具有重要的社会意义，但信徒可以拥有独立于道德领域的被爱的确信。天主教在一定程度上会使人产生负罪感，但又同时提供了摆脱负罪感的方法，为此需要付出的代价便是对教会及其神职人员的情感依恋。

新教从根本上消除了基督教的母性特征。母性的等价物，如圣母的形象、教会或是上帝的所有母性特征，都消失了。路德神学的中心是怀疑，甚至是绝望，认为成年人不可能拥有被爱的信心，而疗愈的方式只有一种，即信仰。

从心理学角度来看，路德本人属于极端的父系特征类型。他的一生充满了对父亲的矛盾态度；其表现在于，路德总是在寻找两种父亲形象，一种承载着他的爱，另一种承载着他的仇恨和叛逆。他完全无法理解生活享受和享乐主义文化，是这类文化最大的反对者之一。他与强迫性神经症、同性恋类型相近，但并不是说他是临床意义上的强迫性神经症或同性恋者。只有从强迫症的怀疑和思考机制出发，才能理解“因信称义”的全部内涵。

加尔文主义和许多其他新教教派认为，仅凭路德的以信治疑是不够的，最重要的补充是尽责的重要性，即奉行“入世的禁欲主义”，以及“成功”的必然性，也就是将公民生活中的“成功”视为神的爱与恩典的唯一证明。

就这个问题而言，犹太教具有相当的复杂性。它显然带着对中东母系宗教的反叛印记，其上帝概念和新教一样，是男性-父神。责任、奖励和惩罚等概念构成了道德基础。然而，犹太教并没有完全消除伟大的母亲形象，她在流淌着“牛奶和蜂蜜”的圣地概念中保留了下来。犹太教的核心思想是：我们犯了罪，受到了上帝的惩罚，被逐出了这片土地，但当我们历经磨难并忏悔赎罪之后，将被允许重返这片土地。

在先知的描述以及《塔木德》文学中，这片土地都是郁郁葱葱、非常肥沃、硕果累累的，它承担着母系宗教的伟大母亲角色。无条件的母爱留存在弥赛亚主义的理念中，在将来返回圣地的信仰中（在《塔木德》文学里，这个时代的特点是太阳和月亮，即男性和女性天体，同时闪耀，生育不再痛苦，劳动不再必需）。这种母性情结对犹太人的心理结构具有决定性意义。概而言之，可以认为新教是去除了弥赛亚主义的犹太教，即一种极端的父系体系。在17和18世纪东欧犹太人的宗教运动哈西德主义中，母系特征得到了特别清晰且强烈的彰显。

新教诞生时的社会和经济决定性因素，催生了资本主义“精神”。同时，这种精神像所有宗教一样，具有不断复制和加强特定社会所需的驱动结构的功能。父系情结，即把履行责任和获得成功作为生活的核心动力、把幸福和享受放在次要地位的态度，是一种强大的生产力，促成了资本主义巨大的经济和文化成就。通过内化外在压力，父系情结使人们“自愿”将所有精力完全投入到有经济价值的工作中去，而在此之前，是通过暴力来强迫人们工作的，例如对奴隶的奴役。

压力的内化在资产阶级社会的统治阶级中最为显著，他们是资产阶级工作和职业伦理的实际承载者。与外在压力相反，内在压力的后果是，满足良知要求便会获得一种满足感，从而极大地促进了父系结构的巩固。（我们在这里谈到的工作和工作态度，特指资产阶级工作态度，是一个特定、具体的现象。工作还有很多不同的心理功能，在本文中我们不多赘述：工作是社会责任的表达，也是创造性的积极行为。在某种工作伦理中，这些方面是主导特征。）

然而，满足良知要求所带来的满足感非常有限，因为履行责任和经济成功无法完全替代享受生活的能力和无条件被爱的安全感；此外，人与人之间的斗争所造成的孤独感和“爱无能”表现为一种沉重的心理压力，会对父系结构造成一定的破坏，而导致父系结构解体的决定性因素在于经济变革。

如果说父系结构是资产阶级-新教社会经济的精神动力，那么反过来在经济中也包含着破坏父系结构和更新母系特质的条件。生产力的增长似乎可以使以前只有在童话和神话中出现的状态变成现实，这在人类历史上还是第一次：所有人都能充分且持续地获得幸福生活所必需的物品，而个人只需付出少量劳动，因此发展天性构成了人类能量支出的主要内容，而不再是获得所需的经济物品。

虽然先进的法国启蒙运动哲学家已经超越了父系的情感和思想结构，但新的母系倾向的实际承载者却是这样一个阶级：他们致力工作的驱动力主要来自经济压力，只有部分来自内化压力。这种情感结构也是马克思社会主义对工人阶级产生影响的条件之一，该影响是建立在驱动结构特征之上的。马克思社会主义社会方案的心理基础主要是母性情结。（虽然这一心理分析只涉及心理生产力问题，但本文不想把社会主义"解释"为一种心理现象，也不想用心理学解释来代替社会主义理论的理性讨论。）

只要有恰当的经济组织，无论人们在生产过程中处于什么位置，生产力都能满足他们幸福生活所需的物品需求，而且所需的劳动要比以往少得多；每一个人都有权利获得幸福生活，并且幸福在于"人格的和谐发展"——所有这些想法都诉诸于母系的力量。它们是科学、理性的表达，但在其他经济条件下，只能表现为想象力：大地母亲会给予她每一个孩子所需的物品，一视同仁。从巴霍芬到布里佛，他们笔下的母权社会都具有"物质-民主"的特征；社会主义学者对母权理论如此欢迎和接受，其原因都在于这种母系倾向和社会主义思想之间的关联。

大规模的经济危机给父系结构带来了新的动荡。数以百万计的人并非出于自己的原因而失业，这与"生活的意义和理由在于工作"的意识形态相矛盾。在这种意识形态及其背后的驱动结构中，失业者失去了存在的意义和理由。在资本主义的上升期，父系情结受到了经济发展和社会主义的正向压力，而经济危机则带来了逆向威胁。在心理发展倒退、父系情结加强的情况下，社会矛盾导致生产力被扼杀，在反马克思主义的斗争中就出现了这种现象。这类意识形态代表不再追求每个人都获得幸福生活，而是再次将责任置于价值体系的中心，但受制于经济情况，这种责任不再以经济发展为中心，而是以英雄行为以及为人类承受痛苦为中心。以道德和生理特点为基础，对人民和人类进行严格的等级划分，这一原则是父系意识形态的典型特征。父系情结对资本主义运动而言是有效的精神生产力，就像母系情结对社会主义一样。然而，需要指出的是，虽然这种生产力要从心理结构的内容和机制来理解，但它在特定时间和特定社会状况下的出现是受经济和社会现实制约的。如上所述，本文关于父系情结与宗教和社会的关系以及在某些政治运动中所起作用的论述，不过是为了提出问题并表明，运用心理学来理解特定社会的社会结构及其变革是富有成效的。

3. 男性的创造（1933 年）

巴塞尔大学罗马法教授约翰·雅各布·巴霍芬最先打破了父权制社会的自然性以及男性优于女性的自明性。他用独到的眼光、高度的敏锐和非凡的知识，揭开了在人类历史上大部分重要时刻父权制精神的面纱，并揭示了与之截然不同的社会和文化形式：女性为社会的主宰，她们可以是女王、女祭司，抑或是女领导；孩子只继承母亲的血统，而无视与父亲的血缘关系。他认为，母权制是所有人类发展的开端，而父权，即男性至上的权力，是在漫长的历史进程中才逐渐确立起来的。他阐明了两性差异原则贯穿了精神世界的根本，以及特定符号与两性的对应关系：日-夜、日-月、左-右。

巴霍芬的某些论断肯定是存在谬误的，最新的民族学研究就作出了一系列证明。但他揭示了一些关键点，并为理解社会生活的性欲基础、男性和女性的差异、符号的意义开辟了一条卓有成效的新道路。

然而起初，并没有人踏足这条道路，甚至几十年来都鲜有人问津。在父权制社会仍处于高峰期、尚未显现本质问题的时候，巴霍芬便已对父权制社会的相对性特征有了深刻的洞见。有同样见解的学者寥寥无几，故而巴霍芬的思想未能传递到多数思想家、学者以及资产阶级的进步代表那里。当然，巴霍芬思想的形成有其个人原因：他有着过人的天赋以及对母亲强烈的依恋。

巴霍芬所洞见和揭示的精神深处久被湮没，直到弗洛伊德重新开始挖掘，并在更大范围内展示出来。弗洛伊德所走的道路与巴霍芬截然不同。巴霍芬是法学家、语言学家和浪漫主义者，他在神话、雕塑和民间习俗中寻找论证；而弗洛伊德则是医生和理性主义者，他用实验、神经症患者和自然科学的方法来证明精神行为驱动力的源头及其性质。只是在一点上，相比巴霍芬，弗洛伊德更多地囿于资产阶级父权制社会的固见：高估男性的作用，并认定其天然的优越性。

随着父权制社会结构的松动，巴霍芬思想复兴了。一众德国学者开始深入研究巴霍芬思想，赋予其新的生命力，其中最具影响力要属克拉格斯。然而，他们采用了一种奇特而扭曲的方式：只关注过去，对当下只有蔑视，对未来没有兴趣。

民族学家和心理学家花费了很长时间才成功摆脱父权制的固见，进而关注个人以及社会心理学领域的母权问题，并对女性心理及其对男性的意义进行无偏见的评估。其中代表学者有民族学家布里弗特佛和马林诺夫斯基（Malinowski），以及精神分析学家乔治·格罗代克。后者揭示了两性领域的一个重要事实：男性对女性的嫉妒，特别是“生育嫉妒”，即嫉妒自身不具备的自然生产力，这在学术史上可能是第一次。

卡伦·霍尼（Karen Horney）也拥有相同的研究方向，她揭露了弗洛伊德片面的男性立场，并证明了双性恋深远的心理影响以及女性性行为的原初特性。格罗代克对男性生育嫉妒的研究具有深远意义。生育能力，即自然生产力，是女性所拥有而男性所缺乏的特性和能力。但是在文化发展的过程中，男性和女性对这种特质的自觉欣赏都在逐渐消失。这有着多方面的原因。首先是狭义的经济原因：一个经济体越是原始，商品生产的技术和设备就越少，劳动力对经济就越重要，故而女性也就越重要，因为女性能够向社会提供劳动力，即提供最重要的生产工具；而在劳动力对经济失去重要性的情况下，女性的作用以及对其特殊能力的珍视也必然减少。

此外，还有广义的经济原因。在一个以农业和畜牧业为基础、相对原始的社会中，生活保障和财富积累基本上与技术和理性因素无关。自然界的生产力，即土壤的繁育力、水和太阳的影响，是决定人生死的力量。经济的关键在于自然界的这种神秘力量能从自身不断孕育出新事物，以延续人的生命。还有谁拥有这种自然生产力的神秘力量？只有女性。女性拥有这种能力，与整个自然界、动物和植物共享这种能力，而人类的生命和生存也依赖于这种能力。而男性缺乏这种至关重要的“能力”，即自然生产力，难道他们不会觉得自己残缺？难道他们不会特别羡慕和嫉妒女性？

男性在生育中所起的作用越小，对女性的羡慕和嫉妒肯定会越深。人类花费了很长时间，才理解性行为和怀孕之间的联系，才意识到女性在没有任何外部影响的情况下是无法仅凭自身孕育孩子的。在许多神话和宗教中，例如在基督教中，我们都可以看到处女生育的现象，因而这种古老的信仰一直留存至今。甚至时至今日，一些原始部落还未深入了解事实的真相。人类知晓植物、果实和块茎不是“自发”生长的，而是需要种子才能让地球母亲孕育出生命；人们明白“唯有播种，才有收获”，同样历经了漫长的时间。当然，这一发现绝不是偶然的。由于土壤枯竭、人口过剩、气候变化等原因，大自然的恩赐无法再满足人类的生存需求，这迫使人类主动向大自然索取，从而发展了播种、耕作、驯化和繁殖动物等手段。

理性生产力，即对物质施加生产影响力，扩充了自然生产力。人类社会的发展是以理性生产力的重要性不断增长为特征的。技术的更新、机器的迭代，代表着理性对物质影响力的不断增长，也代表着生产力的进一步提高，可以生产更多对人类有用、增强其生活享受的新产品。

在过去的几十年里，随着技术的迅猛发展、新土地的发现和占用、新贸易的建立和拓展，人类日益重视理性和生产因素，并开始忽视自然因素，进而不记得曾经同样高估过自然因素。人类赋予“精神”，即男性的生产原则，以无条件、无限制的影响力——这种态度在唯心主义哲学、资产阶级理性主义以及父权制社会结构中都有体现。

在理性因素越来越重要的时代（这种时代绝不仅限于“现代”，正如现代技术只是理性生产力的一种表现，尽管最为显著），女性的特殊能力，即自然生产力，在社会意识中逐渐失去了重要性；与之相反，男性的理性生产力价值却增加了，这很容易理解。在人类意识中，男性角色必然越来越令人向往，女性角色则越来越无足轻重、毫无价值。

但这样的评价只存在于意识中，存在于社会意识所承载的价值判断中。无意识的反应更为“自然”，不会被理性技术所欺骗，清楚只有女性拥有神秘的自然生产力，能够亲近自然、亲近生命，能够直接且本能地理解生命过程。曾经，这种能力使女性成了预言家、先知、领导者；而今，使其成了强大的生命守护者。相比而言，男性则是一群毫无安全感、喜欢与死亡和毁灭嬉戏的人。

在男性的无意识中，他们能够感知女性的优越感及其自然生产力，并且嫉妒女性的潜能。同样，在女性的无意识中，她们为自己的潜能而感到自豪，有着超越男性的优越感。

《圣经·旧约》是欧美文化的文学基础，也是父权情感表达最强烈的经典作品。它展现了一个父权社会的情感和信仰，自认为优于女性，并在生产力和创造等问题上也找到了极端男性主义的解决方案。

作为犹太一神教的典籍，《圣经·旧约》是战胜女神、战胜社会结构中母权残余的记载，因而具有极端男性主义的特征。《圣经·旧约》是男性宗教的凯歌，是摧毁宗教和社会中母权残余的胜利之歌。

“起初，神创造天地。地是空虚混沌（tohuwabohu①），渊面黑暗，神的灵（呼吸、风、精神）运行（笼罩）在水面上。神说，要有光，就有了光。”（Gen 1：1–3）《圣经·旧约·创世记》在开头便宣扬了男性统治及其优越性。欧美人从小就习惯了这些经文，认为这是理所当然的，不会去思考这个神话的矛盾性和“反自然”性：创造世界、孕育宇宙的不是女性、不是母亲，而是男性。那么他是如何创造又是如何孕育的呢？用嘴，用言语：“神说，要有……”——这是贯穿整个创世神话的神奇魔咒，引导了每一次新的创造和新的诞生。

在我们对男性的创造这一中心问题展开讨论之前，先探讨一下上文提到的极端男性主义的特征。

创造的第一步是光的诞生。光一直都是男性的象征（参见巴霍芬的相关研究），所以《创世记》让光成为世界的开始并不意外。然而，即使在这极端男性主义的《创世记》中，也还残存着原始观念的影子。（人们可以看到，尽管）神依然被描述为笼罩在始母之上，但提到的只是始母的象征，而不再是始母本身。男神被誉为唯一的创造者，通过言语来创造。

《创世记》第二章（Gen 2：4f.）更加毫不掩饰、堂而皇之地呈现出这种“非自然”倾向，以消除女性的作用，从而贬低

① 希伯来语，指混乱。——译者

女性。

在《创世记》第一章中，人是按照神的形象“造男造女”，也就是说，仍然留存着双性神的古老观念；而在第二章中，却只创造了男性。但第二章也没有完全清除古老观念的影响。“但有雾气（水）从地上腾，滋润遍地。神用地上的尘土造人（亚当），将生气吹在他鼻孔里，他就成了有灵的活人。”（Gen 2：6f.）这里出现了一位始母，即大地，她被作为男性象征的水所滋润（受精），从而孕育出人类。［海洋是女性的象征；而淡水，包括河流和雨水，是男性的象征，有滋润（受精）的作用］。然而，在《创世记》后文的叙述中，这种古老观念的影子完全消失了，男神成了真正的创造者。既然男人被创造成为第一生命，就要关照他的需求。神说：“那人独居不好。”［Gen 2：18］这是一种深刻的心理学洞察，但完全是站在男人的视角表达的。

首先，创造动物，是要给人提供“帮助”。“只是那人没有遇见配偶帮助他。”［Gen 2：20b］［值得注意的是，神话赋予人的命名行为以重要意义：“神用土所造成的野地各样走兽和空中各样飞鸟都带到那人面前，看他叫什么。那人怎样叫各样的活物，那就是它的名字。”（Gen 2：19）我们稍后将回到这个问题上。］

由此可以得知，动物并不能缓解男人的孤独，于是女人便被创造了出来：“神使他沉睡，他就睡了。于是取下他的一条肋骨，又把肉合起来。神就用那人身上所取的肋骨，造成一个女人，领她到那人跟前。那人说，这是我骨中的骨，肉中的肉，可以称她为女人（ischa），因为她是从男人（isch）身上取出来的。”（Gen

2：21-23）。

这一创造女人的过程出现在创世神话的第二章，相比前文，男性生育的悖论更加明目张胆、显而易见。自然秩序被颠覆了。不是女人生孩子，不是在女人的子宫里孕育孩子；而是男人生了女人，男人是生孩子的人，他的肋骨是子宫。

后文紧跟着的便是人类原罪的缘起。这段叙述的显著特点便是极端男性主义，即对女性的敌意和对女性的恐惧，构成了纯粹的父权制结构情感场域。神这位强大的父亲，下达了一项禁令：禁止吃智慧树上的果子。他想对他的儿子表达善意：如果这个男人遵守这项禁令，神就把女人和天堂生活留给他。神并没有给出任何理由，只是威胁说，如若触犯禁令便要进行惩罚，即死亡。我们从蛇那里得知了真正的原因："神知道，你们吃的日子眼睛就明亮了，你们便如神能知道善恶。"（Gen 3：5）这是对神的自我身份认同，是自己成为父亲的存在，是儿子亚当不被允许的事情。但是，亚当后来还是吃下了禁果，而禁果的象征意义也说明了同样的问题：禁果是母亲的象征，也许是象征了母亲的乳房，而禁止吃禁果就是禁止与母亲性交。

因此，我们便看到了一出经典的俄狄浦斯悲剧：父亲以死亡作为威胁，禁止儿子进行身份认同，并禁止他占有母亲。儿子不听话，但父亲没有践行威胁。儿子仍然活着，但他必须离开天堂。在天堂生活意味着什么？是婴儿依赖母亲的哺乳而生活。在天堂，他不需要工作，不需要耕种，不需要为自己缝制衣服；慷慨、善良、爱他的母亲，即肥沃的土地，保护和滋养着他。只要儿子还是个婴儿，没有成长为对手，父亲就不会嫉妒儿子。一旦儿子长大了，想自己成为父亲，并渴望着母亲，那么他就必须与母亲分离，必须放弃母亲的爱和保护，必须自己寻找食物、缝制衣服、为生活而奋斗。

因“原罪”而被逐出天堂，呈现了俄狄浦斯冲突。在婴儿转变为男孩的过程中，儿子与父亲产生了身份认同，父亲则因儿子的成长而设置了乱伦限制。我们在此讨论的肯定不是记载人类历史的开端与起源的神话，而是取得了统治地位的父权制社会秩序和宗教的神话，其中所描述的俄狄浦斯冲突是父权制家庭的典型冲突。

所有叙事都是站在男性和父亲立场的。女人是危险的，是邪恶的象征，男人必然会害怕她。“女人见那棵树的果子好作食物，也悦人的眼目，就摘下果子来吃了。又给她丈夫，她丈夫也吃了。”［Gen 3：6］女人是感性的，她不受控制、毫无忌惮；她用欲望来勾引男人，男人无法抗拒，从而坠入不幸。这个神话可能是男人恐惧女人，并指责女人是带来厄运的诱惑者最清楚、最激烈的表达，展现了男性主义和父权制的世界观。从人类的原罪到女巫审判，再到（奥托·）魏宁格［（1903 年）他发表了女性精神和道德低下的论述］，到处都是同样的蔑视、同样的仇恨和同样的对女性的恐惧，这是父权制社会男性的特点。

神把他的孩子们送到了尘世间，这个惩罚里也充斥着男性精神。儿子必须工作，他不能再像婴儿一样依靠母亲的哺乳生活。神对女人说：“我必多多增加你怀胎的苦楚，你生产儿女必多受苦楚。你必恋慕你丈夫，你丈夫必管辖你。”［Gen 3：16］父权制的世界观还能表达得更清楚一些吗？男人将展开报复。如果说他对女人的欲望曾给他带来了不幸，那么现在女人的欲望将使她臣服。（在父权制家庭中，无论是否合法，男人都可以如其所愿拥有众多女人；但女人必须对男人忠诚，也就是说，女人对唯一允许的性对象存在着性依赖，而男人则通过性自由创造其独立性，从而稳定和巩固对女人的统治。）

生育惩罚也非常具有特色。男人所看到的，至少是意识到的，不是生育的幸福，而是生育的痛苦。《圣经》神话的这部分内容同样是典型的男性主义态度。但在男人的无意识中是否当真如此？男人只看得到生育消极、痛苦的一面，而没有看到母亲巨大的幸福，这难道不是一种应对反应？他希望女人为这个巨大的优势，为这个对他来说无法拥有的自然生产力而付出更加痛苦的代价，这难道不是他深深压抑的生育嫉妒和男性主义特有的怨恨？因为生育是痛苦的，所以不值得羡慕，这难道不是他对自己不能生育的安慰？

通过与更古老的巴比伦创世神话相比较，我们可以更好地理解《圣经》创世神话中的极端“男性主义”-父权制精神。这一比较对于澄清以下问题也是至关重要的：男性的创造，通过言语进行创造。

巴比伦创世诗很可能撰写于汉谟拉比王朝时期（约公元前2000年）（参见 A. Ungnad，1921，S. 25），为某种政治倾向服务：政治首都巴比伦要成为国家的宗教中心，城邦之神马尔杜克（Marduk）要成为国家的最高神。创世神话的功能是让该神的统治权在神和人的历史中找到依据。但是巴比伦神话远没有像《圣经》那般彻底贯彻男性主义倾向，设立一位男性最高神作为世界的主宰。马尔杜克没有推翻和取代其他男神，神话也没有清除世界之初的始母传统。

巴比伦神话也展现了男性主义父权制宗教和社会结构，但其母权制内容远远多于《圣经·旧约》，因此它对《圣经·旧约》形成了极为宝贵的补充。“许多地方将自然源源不断的创造力和生产力作为母神来崇拜，有时用这个名字，有时用那个名字。因此，凯什（Kes[c]h）的女主神被称为宁胡尔萨格（Ninhursag）或妈妈（Mama）女神；在阿达布（Adab），被称为宁玛赫（Ninmach）女神；在哈拉布（Hallab），被称为伊什塔尔（Ishtar）女神；在阿卡德（Akkad），被称为阿努尼特（Anunit）女神；在基什（Kisch），被称为伊南娜（Innanna）女神；在伊辛（Isin），被称为宁卡兰娜（Ninkarrana）女神；在乌鲁克（Uruk），被称为娜娜（Nana）女神，等等。在乌鲁克，人们对女神的崇拜很快就盖过了其父天神阿努（Anu）。”（Ungnad，1921，S. 13）

巴比伦神话是如何开始的？

天空尚未有名，
大地亦未有名。
初有阿普苏，万物之父，
穆穆，提亚马特，万物之母，
以水之形融为一体。
陆地沼泽还未分明，
天地众神亦未诞生，
既无命名，亦无命运，

而后诸神在其中（即上述原始力量）形成。

（引自 Ungnad，1921，S. 27；下述引文也取自翁纳德的德语翻译，以填补文本空白）。

此处，男神并非创造者，世界是两种原始力量的孩子，即男性和女性力量，阿普苏（Apsu，淡水）和提亚马特（Tiamat，海洋）。原始海洋（Tehom）在《圣经》神话中也有提及，但没有把它等同于男神。而在巴比伦神话中原始海洋还是女性、是始母、是神和人的孕育者。

“时间生长，悠远漫长。”阿普苏和提亚马特给予诸神生命，但诸神变得越来越聪明、越来越骄傲，最终儿神们谋划了一场推翻母亲的变革（引自 Ungnad，1921，S. 28f.）：

诸神兄弟达成一致，
扰乱提亚马特，嘲弄守护者；
提亚马特心绪不宁：
忽而全能被夺！

阿普苏悲痛异常，
提亚马特伤心欲绝、痛心入骨，
强大的穆穆拍打着臀部，
诸神所行并非好事：他们策划了暴行！

阿普苏，神之起源，

召唤其使者穆穆道：
“穆穆，我的使者，我的心腹，
我们去找提亚马特！”

是以前往，向其鞠躬，
商量儿神事宜，
向着闪闪发光的提亚马特
阿普苏开口道：

“他们所行是极端的骚扰，
我日日夜夜都无法休息！
我想毁灭他们，制止其行为，
安静下来，我们便可休息。”

提亚马特听闻此话，
怒火中烧，大喊大叫；
悲痛不已，激愤填膺，
即刻制订了邪恶计划：

“我们还能做什么？让他们毁灭吧！
让他们寸步难行，让统治永远属于我们！”

穆穆向阿普苏建议道，
穆穆的建议很不厚道：

“如果他们的行为强悍有力，那就迷惑他们，
你便能得到整天安宁。”

阿普苏听闻此话，面容闪闪发光，
因为他为儿神们准备了邪恶计划；
他抚摸穆穆，缠绕其脖颈，
将其抱于膝上，亲吻着他。

接下去便讲述了，天神们得知，他们即将受到混沌力量的攻击，因而惊慌失措不能自已。只有一个天神临危不惧，他就是埃阿（Ea），他们之中最聪明的一个，能够用“纯粹的咒语”击败所有邪恶的力量。于是，他成功地制服了阿普苏和穆穆；然而，他依然无法战胜提亚马特，因为她还有一些低级的力量，在这里是第一次提到。在这些力量中，最强大的是“闪亮之神”金固（Kingu）：他鼓励提亚马特不要放弃她的计划，而是鼓起勇气再次与诸神作战。提亚马特很快就接受了他的建议，她召集了一支可怕的部队，前往战场（Ungnad，1921，S. 29）：

他们一齐踏步走向提亚马特，
咆哮着，谋划着，日夜不宁，
全副武装，怒火冲天，
汇聚一堂，准备战斗。

混沌之母（提亚马特），万物之母，

赐予坚实的武器，生出巨蛇
有着锋利的牙齿，冷血无情，
体内充满了毒液，而非血液。

凶猛的龙，恐怖的龙，
诞生了众多可怕的龙：
看见了龙，就会石化；
腾跃的龙，所向披靡。

她带领蝰蛇、蜥蜴和蝾螈，
猛犬、飓风和蝎子人前往战场，
风暴、鱼人、海公羊：
挥舞着兵器，无畏战斗。

她（提亚马特）大发神威，势如破竹，
带领这十一支队伍去战斗！
在她身后，是她的孩子们，
她提拔金固，赋予其力量。

领导军队，指挥部队，
发动战斗，挑起纷争，
她将战事均托付于他，
令其穿上威严的战服：

“为魔法所供奉，你（金固）被提拔了；
我已将诸神的统治权交予你！
你是崇高的，我选择的丈夫；
深海诸神对你肃然起敬、齐声称赞！”

他们将命运石板置于其胸前：
“让你的命令不可违逆，让你的言说即为铁律！”

崇高的金固成了全能神，行使统治权，
宣布了诸子的命运：
“张开大嘴，熄灭火焰！
勇敢战斗，获得权力！”

这样的斗争和反抗，与《圣经》截然不同。在《圣经》中，儿子被女人所引诱而反抗父亲，受到父亲的惩罚，被逐出天堂，与母亲分离。而在巴比伦神话中，描述的是儿神对始母的反抗。事实证明，她比丈夫更强大。儿神战胜了阿普苏，却没有战胜提亚马特。她是可怕的战士，任命了一位男神金固作为军队的指挥官，并让他成了自己的丈夫。这一叙事反映了母权社会的共同特征，即战争和政治领导权掌握在男性手中；但是，他们的权威和尊严源自女性，男性只是女性的代表。

紧接着，两位男神埃阿和阿努先后拜访了提亚马特和她的丈夫金固。阿努得知可以用一个咒语让他们安息。但是：

阿努听从父亲，
前往她的处所，
但当他靠近她，摸清其计划后，
他忘记了抵抗：他临阵退缩了！

叙述到这里，便引出了这部史诗的英雄，男神马尔杜克。他对胜利充满了信心。他对安沙尔（Anschar）说（引自 Ungnad，1921，S. 34）：

曾经有男人与你对峙吗？
现在提亚马特，一个女人，要与你对抗？

众神之父啊，要欢喜，要高兴；
因为你的脚很快就会踩在提亚马特的脖子上！

众神聚集在一起，任命马尔杜克与提亚马特作战。但在最终确认其统治权和领导权之前，他还必须通过考验来证明是否具备过硬的素质来打败强大的提亚马特（引自 Ungnad，1921，S. 40f.）：

他们把一件衣服放到中间，
并对长子马尔杜克如是说：
“主啊，你的命运，胜过众神：
能够创造与消灭，就这样吧！
你下达命令，让衣服消失吧！

然后再下令，让其重新出现！”

于是他便下令：看，衣服不见了！
然后他再下令：新衣服就出现了！

众神看到了其话语的力量，
高呼致敬：“马尔杜克王！”
并赐予他权杖、宝座和法杖
及胜利的武器，以击退敌人。

“来吧，吞噬提亚马特的生命，
让风带着她的鲜血进入寂灭！”

在对这一重要考验进行详细讨论之前，我们先描述一下战斗的结果。马尔杜克编织了一张网来捕捉提亚马特；他创造了七场风暴来“扰乱提亚马特的内心”（同上，S. 42）。从风这一武器中，我们再次看到了典型的男性属性。带着这些武器，马尔杜克开始对付提亚马特。当他第一次见到她时，

他脚步混乱，
他忘了思考，他行动踟蹰！

提亚马特发起抵抗，并未回头，
诱人的嘴唇传达着恶意。
（引自 Ungnad，1921，S. 42f.）

马尔杜克重新振作。如果说刚开始是他居于劣势，那么现在是提亚马特身陷囹圄。马尔杜克叫阵道（S. 43f.）：

“凝聚力量，拿起武器！
让我和你，比试一下！”

提亚马特听闻此言，
丧失理智，不能自已，
怒火中烧，大喊大叫，
灵魂深处，深深战栗。

她喃喃着咒语，
诸神拿起武器。

提亚马特和马尔杜克互相对峙，
大步走向战场，去近距离战斗。
马尔杜克张网，抓住提亚马特。
又放出其奴仆恶风来对付她。

她张开大嘴，想将其吞下，
恶风赶来，使她的嘴无法闭合。
马尔杜克令狂风填满其身，
她陷入了癫狂，龇牙咧嘴。

他射出箭羽，穿透她身体，
撕开其内脏，直击其心脏；
他制服了她，结束其生命，
抛下尸体，将其踩于脚下。

首领提亚马特被杀之后，
其力量崩溃，军队溃散；
协助她的诸神，
颤抖着，战栗着，回撤。

他们试图逃跑以保命，
却被抓住了，逃跑是不可能的！

他绑了他们，卸其武器，
套上镣铐，扔进大网。
一时间悲鸣四起；
他们被监禁，遭受惩罚。

十一支军队，亦惊恐万状，
魔鬼般的生物，为她而战，
他缚其枷锁，摧毁其力量，
无视反抗，将其踩于脚下。

至于那高高在上的金固，

他将其制服，献给死神，
拿走不属于他的命运石板，
在石板上盖印，放于胸前。

对手俯首称臣，
敌人彻底败北，
英雄马尔杜克给安沙尔带去了战争的胜利，
并实现了埃阿的愿望。
他依旧束缚着被征服的诸神，
走向同样被制服的提亚马特。

他踩着提亚马特的骨头，
用可怕的棍子劈开头颅，
将其血脉切成碎片，
随着北风消逝不见。

父辈见此，欢欣鼓舞，
给马尔杜克送去礼物和祭品。

他看着她的尸体小憩；
切开肉体，巧妙谋划：
将她一分为二，如贝壳，
一半置于空中成为天空。

他拉了一条边界，
派卫兵守护水域。
他穿过天空，观察那些地方；
走到海洋前，为埃阿的居所。

海洋之主进行测量，
据此建造了伊沙拉：
将其建成天堂，在这伊沙拉宫殿里，
他为阿努、恩利尔和埃阿安排居所。

马尔杜克和提亚马特之战的象征意义很容易理解：文中所描述的战争就是性行为。在看到女人的第一眼，男人开始变得不安。但当战斗真正开始时，女人变得“丧失理智”。她张开嘴想要吞噬他，他却用狂风填满了她的身体。她陷入了癫狂，龇牙咧嘴；他射出了箭，“制服了她，结束其生命”。风和箭无疑是男性生殖器的象征，而嘴巴则是象征着女性生殖器。男人害怕会被女人吞噬，表现的其实是男性对女性生殖器的恐惧，但最后仍然是男人取得了胜利，制服并杀死了女人。

对学者来说，这样的描述是非常熟悉的。它将性行为描绘成一场斗争，描绘成男性对女性血腥暴虐的攻击，描绘成女性在性行为中杀死男性的尝试。整个事件是从男性的角度来进行描绘的，男人成功地制服了这个危险的女人，成了胜利者。

马尔杜克胜利后，开始了新的创造。通过分割提亚马特的尸体，创造了天空。在这里，被创造出来的不再是男人和女人的孩子，也还不是男人一个人的作品。男人虽然是创造者，但他需要女人的身体作为材料。

在提亚马特被杀、其帮手败北之后，创造出了人类，诸神和人类之间达成了和平，而人类存在最重要的目的是尊崇诸神。

马尔杜克对诸神说（引自 Ungnad，1921，S. 47f.）：

“我要收集血，收集骨，
来造人；人是其名字，
我要创造他，创造人；
他应尊崇诸神……

我要巧妙地改变诸神之路：
将其一分为二，受到同样的尊敬。”

埃阿回答他，并提出
一个满足众神的计划：

“应当牺牲一位：其兄弟。
让他为创造人类而牺牲！
诸神应当聚集起来；
他应被牺牲，他们应留下！”

马尔杜克召集诸神，
走到其间，下达指令。

他张开嘴，众神聆听，
他向地狱的神灵发话：

“我之前所言都是真的，
都是发自内心的真话。
究竟是谁挑起了反抗，
引诱提亚马特发动战争？

让他牺牲，这个反抗者，
让他为自己的罪行受到惩罚！”

天神们向世界之王、
其主宰和参谋回复说：
“是金固挑起了反抗，
引诱提亚马特发动战争！”

他被捆绑，领至埃阿前；
惩罚降临，血管被割断！
他们用他的血创造了人；
马尔杜克释放其余诸神。

安努那基承诺为马尔杜克建造一座宏伟的神庙，以感谢他释放了他们。马尔杜克指定巴比伦为这一圣殿的所在地。建筑完成后，马尔杜克邀请所有的神灵到神庙里参加宴会，唱赞歌向世界的拯救者和创造者致敬。让我们听听最后几节诗文。他们赞美马尔杜克为“和风”之神、“纯正咒语之主”，而后写道（引自 Ungnad, 1921, S. 52）：

他们应保持，前人教导后辈，
学者和智者仔细思考！
父亲指导儿子，
牧人打开耳朵！

众神之主马尔杜克欢欣鼓舞，
愿其土地硕果累累，他自己康健无恙！

其话语是忠实的，其言语是无误的，
其命令无神能改；
其目光无所畏惧，毫无动摇和退缩；
在其大发雷霆时，无神能够抵挡。
他心胸宽广，他仁慈伟大；
恶人和罪人都能蒙受恩泽。

神话的结尾让人想起《圣经·旧约》及其创世神话。神统治着世界，他气势磅礴、辞严义正，却又宽容仁慈，犹如父亲一般。“仁慈的神，充满生命力”，他创造了人，人是“他的手工作品”。他不再与女人一起造人，人也不再从女人的身体中诞生。他可以凭一己之力造人，尽管是以生命体的血肉为基础，即一个为造人而死的神。

神话的结尾让人联想到《圣经》中的《创世记》，但无论从整个创世过程还是创世结果来看，都与之大相径庭。

在《圣经》中，只有一位父神，他是唯一的胜利者和统治者，在他的身边或手下再也没有其他的神。此外，神话还消除了他与前代神作战并打败他们的事实。只有原始海洋让我们想起了始母及统治者提亚马特；还有蛇，它在退化之前是御用动物，是强大的龙，让我们想起始母提亚马特的巨蛇和猛龙，男神曾不得不与其战斗。

巴比伦神话的结尾要温和得多。虽然代表母权原则的提亚马特被杀，她丈夫金固也被消灭，但提亚马特的其他帮手，即安努那基，却得到了赦免。他们为取得了胜利的马尔杜克建造了一座神庙，他们可以作为“地狱的神灵”继续生存，从而融入马尔杜克领导的等级制度，成为从属神。

在巴比伦神话诞生的年代，父神具有至高无上的地位。但他在夺取统治权时并没有那么激进和暴力，所以保留了前代众女神及其男助手们的相关记叙。作为二级神灵，她们仍然可以继续存在。因此，巴比伦神话有可能包含了希伯来神话彻底消除的记忆：两种宗教和社会结构之间的斗争，即以夜、水、物质为特征的旧母权和以光、风、精神为特征的新父系宗教之间的斗争。巴比伦创世神话结束于《圣经·旧约·创世记》开始之前，它描述了一场战斗；而《圣经》只讲述了一场胜利，一场彻底的胜利，战败者的名字和战斗的事实都被抹去了。

在这一点上，巴比伦创世神话与厄里倪厄斯与阿波罗之战有很多相似之处。此战的结果是厄里倪厄斯成了低等女神，为光神服务，巴霍芬对此进行了详尽的分析。

现在，我们回到创造的问题上来，特别是男性创造的问题。在巴比伦创世神话中，一共有三种不同类型的创造。一开始，我们便看到了男性和女性、淡水和海洋、父亲和母亲，他们一起诞生了众儿神。这一创造完全符合自然条件，男性和女性是共同创造者。在这一叙述中，一种陈旧的观念消失了，即仅靠女性，无需男性，便可创造世界，只有伟大的始母是万物的开端。这种观念属于母权社会的思维模式，显然已经远远落后于巴比伦创世神话诞生的时代，所以只留下了一些思想残余：提亚马特被塑造成为最初的女王和统治者，在她丈夫阿普苏被打败之时，她却屹立不倒，并“任命”金固作为军队指挥官及其丈夫，儿神们恐惧和尊重的是她，而不是其丈夫。

提亚马特死后，我们可以看到第二种类型的创造，即马尔杜克用她的身体创造了天空。在这里，自然法则已然被抛弃了。创造物不再是男性和女性的孩子，而是由男性用女性的身体制造而成的物质。它依旧是男性和女性的产物，但已经超越了怀孕和生育的自然关系。

巴比伦神话中第三种类型的创造是创造人。马尔杜克杀了金固，用其血肉造人。这种创造消除了女性的参与，她既不生育，也无需用其身体作为材料；只有男神是人类的创造者。相比于前一种创造类型，此时的自然关系被否定和颠覆得更彻底。但男神仍然需要活物，以现存的血肉为基础，他不是绝对且唯一的创造者。

这种类型的创造与《圣经》中创造女人的叙述非常相似。在伊甸园，男神也独自创造了一个新的生命，没有女性的参与；但同样，也创造于现存的活物之上。《圣经》神话只是更极端一些，进一步颠覆了自然关系，不仅将男性塑造为人的母亲，而且将男性塑造为女性的母亲。

巴比伦神话缺少极端类型，即单性创造。神话中既没有女性单性创造，也没有男性单性创造。女性需要男性的参与，男性需要以活物为材料，而无法从精神中创造出来。但单性创造，我们可以在希腊神话中找到，即雅典娜从她父亲宙斯的头脑中诞生。《圣经》神话中也有同类创造。当然，即使是《圣经》也没有完全消除始母提亚马特的痕迹，描述了神灵是如何在水面上“运行”的，但该叙述不会明确赋予女性元素以重要地位。

《创世记》的开头并非：“起初是混沌，起初是黑暗……”；而是：“起初神创造……”，即只有他，男神，没有女性的帮助和参与，没有天和地。下一句便是那回荡着陈旧观念的诗文，在这短暂的中断之后，叙述继续：“神说，要有光，就有了光。”（Gen 1：3）在这里，我们清楚地看到了纯粹的男性创造，通过言语、思想和精神就可以进行创造，而不再需要子宫来生育，甚至不需要物质作为基础。男性的嘴说出一句话，就能够立即创造出生命，这便是我们在《圣经》神话中发现的极端创造类型：男性单性创造。这一极端的概念表达了一种同样极端的父权态度，即贬低和轻视女性。男性还僭越了无疑只属于女性的能力，即生育和创造新生命的能力。

值得注意的是，这种精神创造比女性单性创造更（违背）自然以及真实的生命过程。孩子是父亲和母亲的创造物，人类花了很长时间才获得这一科学认知。这种认知和日心说一样具有理论色彩：我们看到的是太阳在移动，但知道是地球围绕太阳旋转；同理，我们看到孩子源自母亲，在母亲体内成长、活动而后分娩，但从未看到孩子和父亲之间的直接关联，除了相似性。（相似性并不一定与创造相关联。但是，在清楚男性在创造中所起的作用之后，相似性便成了一个重要的、令人印象深刻的证据。因此，《圣经》强调了孩子与父亲的相似性：“神就照着自己的形象造人。”［Gen 1：27b］）

认为男性通过嘴、言语以及精神便可创造生物，是极度违背自然的幻想，否认了所有的经验、现实以及自然条件。这种幻想无视自然界的所有规制，只为实现一个目标：将男性塑造成完美的人，拥有自己原本不具备的能力，即生育的能力。这种幻想只能在极端父权制社会的土壤中生长，是所有藐视自然条件和环境的理想主义思想的原型。它同时也表达了男性对女性深深的嫉妒、男性因缺乏生育能力而产生的自卑、男性对女性生育能力的羡慕以及男性对获得生育能力的渴望，尽管是通过其他途径来获得这种能力。

巴比伦神话中缺少这两种极端的创造可能性：女性单性创造以及男性单性创造，即言语创造。然而，巴比伦神话却描述了一个事件，它是言语创造的雏形，并以一种非常明确的方式使这种男性创造思想的实际意义为人所知。它就是马尔杜克在最终受命与提亚马特作战之前必须通过的考验。这个考验是要让众神确信马尔杜克能够获得胜利。那么，考验的内容是什么？

他们把一件衣服放到中间。
并对长子马尔杜克如是说：
“主啊，你的命运，胜过众神：
能够创造与消灭，就这样吧！
你下达命令，让衣服消失吧！
然后再下令，让其重新出现！”

于是他便下令：看，衣服不见了！
然后他再下令：新衣服就出现了！

众神看到了其话语力量，
高呼致敬：“马尔杜克王！”
并赐予他权杖、宝座和法杖，
及胜利的武器，以击退敌人。

“来吧，吞噬提亚马特的生命，
让风带着她的鲜血进入寂灭！”
（引自 Ungnad，1921，S. 40f.）

这是一场特殊的考验，马尔杜克必须通过这次考验以证明他适合于自己注定要扮演的角色。我们可能期待，他会证明自己的勇敢或智慧，然而众神对他的要求却是，通过言语让衣服消失，然后再次出现。这场特殊考验的意义是什么？

马尔杜克要与提亚马特作战。如果他想取得胜利，就不能不如她。但作为男性，他有一个关键点比不上她：只有提亚马特有创造新生命的能力，只有她能生育、能让事物诞生。她是赋予生命的人，也是夺取生命的人。伟大的母亲是仁慈的、给予生命的、白色的，也是杀戮的、黑色的，就像自然本身以这种双重形象示人，同时能够维系和威胁生命。（参见巴霍芬有关母亲形象带来生命和死亡的双重意义的论述。）如果男神要打败母亲，他就必须弥补这种劣势，弥补这种不能生育和生产的能力。

这就是考验的意义。马尔杜克能够做母亲做的事。他拥有自然不曾赋予男性的能力：他可以改变自然，可以使物体消失，可以使物体出现。很明显，重要的不是物体本身，它只是一件衣服、一件平庸的日常物品；重要的是，他，男性，不再不如女性，他可以像女性一样创造和剥夺生命。因此，神话后文的叙述就变得合乎逻辑了（引自 Ungnad，1921，S. 41）

众神看到了其话语的力量，
高呼致敬："马尔杜克王！"

这个考验表明他与提亚马特是平等的，也只有这种平等才能保证他战争的胜利。他嘴巴的力量替代了女性子宫的力量；男性的嘴可以生育，正如事实上只有女性的子宫可以生育。

在马尔杜克接受的这个考验中，我们找到了男性创造的原型，即言语创造。在巴比伦神话中，言语创造只是作为男性英雄的考验而出现；但在《圣经》神话中，言语创造却成了创世方法，神通过"他言语的力量"进行创造。马尔杜克可以让衣服消失或出现，神同样可以让宇宙消失或出现。“神说：要有光，就有了光。”（Gen 1：3）男神已经完全替代了战败的伟大母亲。他能够生育，他能够生产，他用精神和言语消除了所有的自然限制；他独自统治世界，除了他，没有别人。

在《圣经》的叙述中，只有一次重复了言语的意义，即在描述神把所有的动物带到亚当面前时，“看他叫什么”（Gen 2：19b），而且也是亚当给夏娃起了名字：女人。命名是第二次创造。男神首先用言语创造了生物；亚当用言语给它们命名，第二次创造了它们。

4. 罗伯特·布里佛论母权（1933 年）

巴霍芬和摩尔根分别在 1860 和 1870 年代为母权奠定了理论基础，罗伯特·布里佛在其著作《母亲——情感和制度的起源研究》（1928）中重拾了母权主题。几十年来，母权理论在学术界一直处于边缘地带，只有少数社会主义学者会论及相关理论。近些年，该理论在社会主义意识形态中得以复兴。越来越多的新闻报道以及科研论文提及或研究母权理论，布里佛的著作更是激发了那些迄今为止没有注意到母权问题的人们参与讨论。

然而，将布里佛的作品归于民族学研究的母权主题这一类是不准确的：它远远超出了民族学的范畴，还涉及社会学和心理学。同样，该书也很难归纳出一个主要论点。如果批评家们认为，此书旨在证明在所有社会发展的初期，或多或少都带着显著的母权特征，那么他们也会铩羽而归。鉴于该书篇幅宏大，有些人也许会从书名而不是内容中了解它的“主要论点”。而事实上，书中同时展开了母权法理论、基于比较民族学的心理学以及婚姻史讨论。在序言中，布里佛明确指出了论证的起点，即从社会本能的起源问题出发，得出结论，即社会本能来自母性本能，从而转向社会发展初期的研究，那个阶段的社会组织和心理学是以母亲为中心的。

尽管布里佛在该书中对社会学和社会心理学的一般问题提出了富有建设性的建议，但其主要价值在于丰富多样的素材以及个案研究。因此，后文的介绍并非对该书的内容进行详尽复述，而只是力求点明布里佛的科研方法和研究兴趣。

布里佛首先论证了社会传统（传统遗传）在人类精神和情感生活发展过程中的决定性作用。社会影响改变了生物学上的本能，社会条件的改变引发了不同文化中的个体差异。布里佛认为，“男性”和“女性”是决定性的心理范畴，浪漫主义者是从两性的“本质”中推导出这一论点的，而布里佛却是用生命功能的差异，即两性的生命实践来解释它。通过这种方式，他把性别差异问题从晦暗的自然哲学范畴转移到了光明的科学研究领域。

女性-母性特征发展，即母性本能发展的决定性因素是，与所有哺乳动物相比，人类的怀孕期和孩童期异常漫长，孩子需要母亲的长期照顾。母爱从这种照顾孩子的本能中产生了，不仅从自己孩子身上延伸至其他孩子，还拓展至成年人，从而形成了一种社会情感，即人与人之间的爱，并成了所有社会发展的最重要来源之一。母爱是所有爱的源泉。就其性质而言，爱与性不尽相同：性更多是与饥饿的利己本能相似，与残暴相关联；性与爱的融合是文化发展的高度差异化产物。在原始民族中，性相对而言很少与“爱”联系在一起，与此相反，一种无性的母性柔情在成年人之间却特别常见。

布里佛把男性的爱理解为女性-母性驱动力的产物，这就意味着，他预设了每个人的双性倾向。不仅爱和温柔源自母爱，而且怜悯、宽容、亲善皆是如此。总之，所有“利他”的情感及其抽象和普遍的表征形式都源自母爱。孩童对母亲的爱源自对保护和帮助的需求；群居本能源自孩童时期的恐惧和无助。原始人对陌生人的敌意也并非生而有之，更不是“自然”侵略本能的表现，而是原始部落真实生存关系的产物，它必然导致相互不信任。

布里佛指出，性驱力和母爱的对立关系造成了动物群落和动物家庭之间的差异，在此基础上他构建了一个富有建设性的理论。他认为，动物群落是男性性冲动的专属产物，不具备稳定性；而动物家庭是母性本能的有效产物，是所有存续性社会群体的组成单位。原始人群并非从动物群落发展而来的，而是从动物家庭发展而来的。这样的家庭由母亲及其后代组成，而家庭的凝聚必然导致原始母系社会的形成，与后来的父权家庭形式截然不同。外婚制度以及乱伦禁令既不是先天本能的结果，也不是近亲结婚危害下的自然选择。布里佛以一种新颖的方式（这里无法展开讨论），试图以母系社会结构来解释外婚制度。他在论述中指出，在全世界范围内仍然可以找到原始母权家庭结构的影子，即入赘式婚姻：男方往往会搬进女方的住宅，纳入女方的族谱。而私有制的发展令婚姻模式逐渐转变成嫁娶式，在此过程中，男方会用礼物或劳动来争取女方家庭的同意。

在大多数原始社会中，女性具有超乎寻常的独立性，其原因在于女性的社会分工和相关的经济职能。认为女性难以从事强体力劳动，因而社会地位低下，这是一种误解。我们必须严格区分母系社会和母权社会的概念，前者是指在这种社会结构中女性具有较大的社会影响力和精神影响力，而后者是指女性统治着男性。每种统治关系的基础都是私有制的存在以及对其的捍卫。因此，这种狭义上的母权制只存在于相对发达的社会中。

婚姻绝不是一种“天然的”制度，它在本质上具有经济功能。因而，婚姻最初并没有对性伴侣的排他性要求。正是因为不存在“天然的”一夫一妻制的本能，所以也不存在建筑于性伴侣排他性之上的嫉妒。在原始人那里，嫉妒并不是指维护其排他性权利，而是指得不到性伴侣的恐惧；也就是说，嫉妒不是指性伴侣被他人引诱了（Verführung），而是指性伴侣被他人拐跑了（Entführung）。性在原始社会很少受到压制，所以很少会产生迷恋的情绪，也很少会出现畸形或病态的情感现象。一夫一妻制的情感不是一夫一妻制婚姻制度的原因，而是其结果。一夫一妻制的形成主要源于社会经济和结构的变化，其转折点是畜牧业的发展：男性拥有了更强的购买力，从而在经济上占据了优势。在畜牧业没有发展的地方，依然维持着母系社会结构。从原始社会到古罗马帝国时期，婚姻主要具有经济功能而非性功能；而基督教婚姻则倾向于将这两者统一起来，在婚姻制度中同时满足爱、性和经济利益。

布里佛详细论述了宗教和道德的发展，在此只能列举一二。

禁忌是所有非理性道德的典范，其源头可以追溯到女性在月经期间对男性设置的性交禁令。图腾崇拜可能源于食物，部落中最重要的食物具有神圣和图腾的特性。个人意识的出现是私有制的结果。并非个人主义的本能创造了私有制，恰恰相反，是私有制创造了这种所谓的自然本能。布里佛还探讨了月亮在原始宇宙观中的地位，认为原始人赋予月亮的阴晴圆缺以死亡和复活的意义。随着农业的发展，太阳才变得日益重要。原始人的宗教观念并非来自“自然崇拜”，而是来自对魔力的渴望。

女性在宗教发展中的作用经常被低估，事实上她们不可或缺。在中东和欧洲地区的宗教中，女神的重要性主要在于农耕仪式中的象征作用以及女性特有的自然生产魔力。在宗教发展的高潮时期，人们敬畏和崇拜女神，不再仅仅是因为女神拥有魔法力量，而是因为女神成了圣母。宗教情感第一次与爱联系在一起，从民族主义部落神到世界神的转变便首次出现在了“伟大母亲”的形象上。随着男性的智力工作将原始魔力逐渐转变为“神学逻辑宗教”，女性在宗教中失去了重要性。

对道德发展影响最大的是禁忌的源起。原始禁忌是道德以及性道德的源起，通过男性私有制欲望得以强化，并赋予道德以社会价值。对贞操的极端要求绝不是女性的“天性”，一夫一妻制也不是女性的嫉妒心所致；恰恰相反，母权社会的特点是具有相当程度的性自由和开放性。虽然原始禁忌及其道德情结很早已存在，但以贞操为核心的性道德是伴随着父权制社会及其经济关系的发展而出现的。在中东、古埃及和古希腊，贞操最初是魔力施展的前提条件；在古罗马，贞操是公民的美德。直至基督教出现，贞操才获得了高度的道德价值以及宗教价值。基督教对性行为的罪恶程度有不同的看法，但毫无疑问的是，处女具有绝对的优越性。这种基督教的教父学观点与同一时期的欧洲野蛮人思想和习俗形成了强烈对比。基督教严格的性观念首先渗透到了文学中，而后逐渐影响了部分社会生活。

在英美等地区，学者针对布里佛这本书发表了大量评论，其中不乏详细的探讨（参见 H. Ellis，1928；A. M. Ludivici，1927；B. Malinowski，1927；C. E. Ayres，1927；L. Langdon-Davies，1927；M. Ginsberg，1927；A. Goldenweiser，1928），有些是热情的赞赏，有些则是冷静的批判，特别是从民族学角度进行的批判。

外行当然无法判定，在个别民族学问题上，是布里佛还是其反对者的论点更有说服力。然而，正如上文所指出的，该书远远超出了个别民族学问题的框架，其所涉及的素材涵盖范围之广、作者的精神独立性和作品的独创性，均为罕见，为社会心理学研究作出了重要贡献。在母权问题上，布里佛以摩尔根的研究为基础，继续深入拓展。

他的研究方法是历史唯物主义的，即试图从生活实践的变化，特别是经济关系的变化来解释情感及其相关制度变化。该书的主要意义可能就在于，承认所有情感，甚至是那些看上去最自然的情感具有社会制约性，并试图用特定社会变革的实证材料来解释情感的发展。

批判性的评论多是提出一些大方向的问题，很难深入细节。在序言中，布里佛已经预见到会有不同的声音，因而指出了创作时的不利条件，解释了该书各部分在质性分析和量性分析上并不均衡的原因。更为重要的是，布里佛的思想独立性同时也存在着弊端：他几乎没有关注到前辈或同辈相关方向的研究。他研究的一些问题，比如情感的社会制约性问题，早在法国启蒙运动时期就已详细地探讨过，而他却是从头开始研究，而后全然没有提及马克思和恩格斯，也极少关注到最新的民族心理学文献，但这些研究对于探讨原始人母爱的利他性问题尤其重要。该书最大的遗憾在于，缺乏对杜克海姆学派的原始社会研究，特别是莱维·布吕尔（Lévy-Brühl）的原始人心理状态研究的关注。

我们也不能忽视一些细节上的批评。在最后一章的总结中，布里佛谈到，女性是“天生的保守主义者”，并且广义而言，女性一旦超过二十五岁，便停止学习任何新事物。布里佛在前文成功地证明了情感的社会制约性，完成了对浪漫主义以及对巴霍芬观点的超越，却在这里犯了如此惊人的“错误”。这表明，即便是像布里佛这样的进步学者，依然无法摆脱传统生物学价值判断，这已深深根植在其无意识中。但无法否认的是，布里佛的整部作品还是给读者留下了无数启发和启示，是一部重要的科研著作。

5. 母权理论对今天的意义

巴霍芬的母权和母系社会理论在 19 世纪和 20 世纪上半叶较少受到关注，这一事实可以通过大环境得到充分解释——直到第一次世界大战结束，欧洲和美国的父权制度仍然无法撼动，因而女性作为社会和宗教结构的中心这种想法似乎是无法想象和荒诞不经的。同样，在过去四十年里发生的社会和心理变化应该能解释母权制问题何以会引起新的强烈兴趣。变化似乎直到现在才发生，它们要求对蛰伏一百多年的思想进行重新评估。然而在讨论这些变化之前，让我向不熟悉巴霍芬和摩尔根的读者简要介绍一下他们对母系社会原则和价值观念的看法。

对于巴霍芬而言，母权原则是生命、团结与和平的原则。女性在照料婴儿的过程中，让自己的爱超越自我，延伸到他人身上，并将她的所有天赋和想象力倾注到致力保护和美化另一个人的存在上。母权制的原则是普遍性原则，而父权制则是限制性原则。“四海之内皆兄弟”的观念植根于母性原则，但随着父权社会的发展而消亡。母权制是普遍的自由、平等、和平和温柔仁慈原则的基础。它也是有原则地关注物质福利和世俗幸福的基础。(Bachofen，1967，S. 69-121)

摩尔根相当独立地得出结论（在 1871 年的《人类家庭的血缘和姻亲体系》中初步提出，在 1887 年的《古代社会》中更明确提出)，美国印第安人的王权制度类似于在亚洲、非洲和澳洲所发现的那样，建立于母权原则基础上，他断言更高形式的文明“将是一种重复，但是相比古代氏族的自由、平等和博爱原则，这种重复是更高层次上的”。即便只对这些母权制原则作这样简要的陈述，也应该能清晰地说明我为何如此重视下列社会及心理变化：

(1) 父权专制制度未能起到它的作用。它无力阻止大规模毁灭性战争和恐怖主义独裁统治；它没有能力采取行动以防止未来的灾难，比如核生物化学战争、广大殖民地地区的饥荒，以及空气、水和土壤含毒量加剧所导致的灾难性后果。

(2) 民主革命击败了传统的独裁主义政治结构，代之以民主的组织结构。随民主化进程而出现的是一个技术发达的富裕社会，它大体上不要求个人服从，而是运作在团队合作以及被操纵的赞同意见基础上。

(3) 妇女革命虽尚未完成，但在贯彻男女平等的启蒙运动激进思想方面取得了长足进展。这场革命沉重打击了资本主义国家以及像苏联这样的保守国家里的父权制权威。

(4) 儿童和青少年的革命。在过去，儿童只能以不充分的方式反抗——拒绝进食、哭闹、便秘、尿床和倔强执拗，但自19世纪以来，他们找到了代言人（裴斯泰洛齐①、弗洛伊德及其他人），这些人强调儿童有自己的意愿和激情，必须认真对待。这一趋势在二十世纪继续发展，愈发具有影响力和洞察力，本杰明·斯波克博士（Dr. Benjamin Spock）成为最具影响力的发言人。就青少年和青壮年而言，他们现在为自己发声，不再压低声音说话。他们要求有权被听见、被认真对待，成为安排和管理自己生活的积极主体而不是被动对象。他们直接猛烈地——有时甚至恶毒地——攻击父权制权威。

(5) 消费者的天堂这一愿景。我们的消费文化创造了一种新的愿景：如果我们沿着技术进步的道路走下去，最终将会到达所有欲望都能满足的境地，哪怕是不断创造出来的新欲望；满足将是即刻、丝毫不费力气的。在这一愿景中，技术拥有了大母神的

① 裴斯泰洛齐（Johan Heinrich Pestalozzi，1746—1827），瑞士著名民主主义教育家。——译者

特征，只不过是个技术的而非自然的母神，她哺育她的孩子，并用永不停歇的摇篮曲（以广播和电视的形式）安抚他们。在这个过程中，人在情感上变成了婴孩，寄希望于母亲的乳房源源不断地提供充足的乳汁，并且个人不再需要做出决定，因而充满安全感。然而，做出决定的是技术设备本身，进行解释和执行的是技术官僚——他们是一种新兴的母权宗教的新型牧师，技术是他们崇拜的女神。

（6）某些母权倾向也可以在多少有些激进的青年群体中被观察到。这不仅因为他们是绝对的反权威主义者，还因为他们拥抱上述如巴霍芬和摩尔根所描述的母系世界的价值观和态度。群体性交观念（无论是以中产阶级郊区生活的形式，还是在实行共享性交的激进社群中）与巴霍芬描述的人类早期母系阶段有密切关联。还可以提出的问题是，在外貌、着装等方面减少性别差异的趋势是否也与以下趋势相关：废除男性传统地位，减少性别两极分化，从而使人在情感上回归到婴孩的前生殖阶段。

还有其他特质趋于支持这一假设：母权势头正在这部分年轻一代中增强。“群体”本身似乎承担了母亲的职能。他们要求欲望立即被满足、在毒瘾中非常明显地表现出消极接受的态度、需要彼此聚在一起发生肢体接触——所有这些似乎都表明向母婴纽带的回归。在所有这些方面，年轻一代似乎并非像他们想的那样与长辈们有所不同，虽然他们的消费模式有着不同的内容，并且他们公开、激烈地表达自己的绝望。这种新母权主义中令人不安的因素是，它仅仅只是对父权主义的否定以及对婴儿模式的直接回归，而不是向更高形式母权主义的辩证进阶。H. 马尔库塞

（H. Marcuse）对年轻人的吸引力似乎很大程度上取决于这样一个事实：他是婴儿式回归至母权主义的代言人，并且通过使用革命修辞让这一原则更具吸引力。

（7）或许与这些社会变化不无关系的是精神分析的发展，它开始用新观念纠正弗洛伊德的旧观点。弗洛伊德认为母子之间的性联结发挥着核心作用，由此导致对父亲的敌意。新观念认为婴儿和母亲之间存在一种“前俄狄浦斯”式的亲密联结，与孩子性别无关。如果精神分析学家们仔细研究，就会发现要理解这种对母亲的非性欲依恋，巴霍芬的工作有着巨大价值。

我想以理论思考来结束这些介绍性的评论。母权原则指的是无条件的爱、天然的平等、对血缘和土地联结的强调、同情和仁慈；父权原则指的是有条件的爱、等级制结构、抽象思维、人为的律法、国家和公正。归根结底，仁慈和公正分别代表了这两种原则。

在历史进程中，两种原则似乎有时发生激烈碰撞，有时则互相结合（比如在天主教会或马克思的社会主义概念中）。如果他们彼此对立，母权原则表现为母亲过度溺爱孩子和使其幼稚化，阻碍了孩子的完全成熟；父亲的权威变为严厉的支配和控制，其基础是孩子的恐惧和内疚感。在儿童与父亲和母亲的关系里，在决定家庭结构的父权制和母权制社会精神中，情况就是如此。纯粹的母权社会阻碍了个人的全面发展，因此妨碍了技术、理性和艺术的进步。十足的父权社会则毫不关心爱与平等，只关注人为的法律、国家、抽象的原则以及服从。索福克勒斯在《安提戈涅》中，通过剧中人物克瑞翁——法西斯领袖的原型——对这样

的个人和社会体系进行了完美的描述。［参见弗洛姆 1951 年的著作（Fromm，1951a）第五章中对这一点的讨论］

然而，当父权和母权原则合为一体时，两个原则中的任一个都会被另一个所影响：母爱被公正和理性影响，而父爱则蒙上了仁慈和平等的色彩。

今天对父系权威的反抗似乎正在摧毁父权原则，这意味着以倒退和非辩证的方式向母权原则回归。一个切实可行且有进步意义的解决方案只存在于对立面的崭新合题，其中仁慈与公正之间的对立被二者在更高层次上的结合所取代。

第二章　性差异与性格

6. 性 与 性 格

认为两种性别之间存在先天差异，而且这些差异必定会导致性格和命运的基本不同，这是非常古老的论点。《圣经·旧约》中规定女性的特征和所遭受的诅咒是“你必恋慕你丈夫，你丈夫必管辖你”；而男性则是必须辛苦劳作，汗流浃背，悲苦不堪。但即使是《圣经》的记载也包含了实际上截然相反的论点：上帝按自己的形象创造了人；仅仅因为对上帝最初的忤逆，男人和女人遭受惩罚，他们被诅咒互相冲突、永远相异，但就他们的道德责任来说，男人和女人是被平等对待的。认为男女根本相异或基本相同，这两种观点几个世纪以来不断重复，有的时代或哲学派别强调这一观点，而有的则持相反论点。

这一问题在 18 和 19 世纪的哲学及政治讨论中尤为重要。启蒙运动的代表们认为不存在先天的性别差异（l' âme n'a pas de sexe），无论哪种可观察到的差异都受制于教育的不同，都是如今天所说的文化差异。然而，19 世纪初的浪漫主义哲学家们持截然相反的观点。他们分析了男女之间性格学意义上的差异，认为其根本不同源自先天的生物和生理差别。他们据理力争，说这些性格差异在任何文化中都存在。

浪漫主义者的分析常常极为深刻，但不管这两种论点各自有何优势，它们都有其政治内涵。启蒙哲学家们（尤其是那些法国人）想论证男性和女性享有社会的以及一定程度上政治的平等。他们强调先天差异不存在，以此支持自己的立场。浪漫主义者是政治上的反动派，他们通过分析女性天性的本质（Wesen）来证明女性在政治和社会上的不平等是必然的。虽然他们赋予所谓“女人”以诸多值得赞赏的品质，但坚称她的特点使她不适合跟男人平起平坐地参与社会和政治生活。

争取女性平等的政治努力，以及对两性差异是先天的还是文化的理论争论，并未随19世纪的结束而止步。在现代心理学领域，弗洛伊德成了浪漫派立场最直言不讳的代表人物。浪漫主义者用晦涩的哲学语言来表达他们的论点，而弗洛伊德的论述却是建立在心理分析过程中对病人的科学观察上。他认为两性间的解剖学差异导致了无法改变的性格学意义上的差异。他曾说“女人的身体构造决定了她的命运”，这是他对一句拿破仑名言的转述。① 他的观点是，当一个小女孩发现她缺少男性生殖器这一事实时，她会极为讶异，深受震撼；她感到她应当拥有的某物缺失了；她嫉妒男人拥有这个命运拒绝给予她的东西；在正常的发展过程中，她会试图克服她的自卑和嫉妒，用孩子、丈夫或财产这些东西来代替男性生殖器。神经症的发展是她没有成功地获得这些令人满意的替代物。她会一直嫉妒所有男人，不会放弃让自己

① 拿破仑曾说“女人只不过是生育孩子的机器”。——译者

成为男人的愿望，从而变成同性恋或者憎恶男人，抑或寻求某些文化允许的补偿。即便在正常发展的情况下，女人命运的悲剧性也从未消失，她们终其一生都在追寻遥不可及的东西，饱受这一愿望的折磨。

虽然正统的心理分析学家把弗洛伊德的这一理论作为他们心理学体系的基石之一保留了下来，另一些注重文化影响的心理分析学家却反驳了弗洛伊德的发现。他们在临床和理论上揭示了弗洛伊德推理中存在的谬误，指出他用生物学理由来解释女人在现代社会中由文化和个人经历所导致的性格学特征。这些心理分析学家的观点在人类学家的发现中得到了证实。

然而这当中存在着某种风险——这些进步的人类学和心理分析学理论的部分追随者们矫枉过正，全然否认生物学差异对塑造性格结构的任何影响。他们这样做有可能是出于跟法国启蒙思想代表们一样的动机：既然反对妇女平权的人可以通过强调先天差异来支持自己的论点，似乎有必要证明任何实际观察到的差异都仅由文化原因所致。

这整个争论涉及一个重大的哲学问题，认识到这一点很重要。否认任何两性性格学差异的倾向或许暗含对反平等主义哲学前提的接受：为了要求平等就必须证明两性之间除了那些由现存社会条件直接导致的差别外再无其他性格差异。整个讨论格外复杂，因为一些人在谈论差异，而那些反动派们实际上谈的是缺陷，尤其是那些使得与多数派的充分平等绝无可能的缺陷。如此一来，女人的智力、组织能力、抽象思维以及批判能力的缺乏就被用来证明她们不配与男人完全平等。有一派思想认为，女人拥有直觉与爱等能力，但这些品质似乎并不会使她们更能胜任现代社会的任务。同样的论调也被用在如黑人和犹太人这样的少数派身上。于是心理分析学家和人类学家的处境是，他们不得不表明，在不同性别和种族之间不存在任何根本差异使得他们没有能力享有完全的平等。基于这种立场，自由主义思想家倾向于尽可能抹除任何差别的存在。

虽然自由主义者证明了不存在任何差异能支持政治、经济和社会不平等，他们却任由自己被逼入了策略上非常不利的防守境地。要阐明不存在有损社会公平的性别差异这一事实，其实并不需要认为任何差异都不存在。更恰当的问题应该是：如何利用那些现存的或人们宣称的差异？它们服务于怎样的政治目的？即便承认女性显示出某些有别于男性的性格学特征，这又意味着什么？

本文的论点是：某些生物学差异导致性格学差异；这些差异与直接产生自社会因素的差异混杂在一起；社会因素在影响力上要强大得多，可以强化、消除或逆转根植于生物构造中的差异；两性间的性格学差异只要不是直接由文化决定，最终并不会构成价值差异。换句话说，性格学差异并不是“好”或者“坏”意义上的差异，而只是外在色彩上的差异——任何大型人类群体所特有的那种优点与不良习惯。更确切地说，在西方文化中，典型的男性和女性性格是由其各自的社会角色决定的，而性格的外在色彩来源于性别差异。与根植于社会因素的差异相比，这种外在色彩差异是微不足道的，但也不应被全然忽视。

很多反动思想都有这样的隐含假设：平等的先决条件是，不存在人与人之间、社会群体之间的差异。既然在生活重要的方方面面中这样的差异实际上明显存在，于是他们得出的结论是，不可能有平等。与之相反，当自由主义者起而否认脑力与体力的天生差异，否认存在有利或不利的偶然个性条件时，他们只是在帮助对手在普通民众眼中显得更加正确。在犹太教和基督教以及现代进步传统中，平等的概念意味着在追求自由和幸福等基本人类能力方面，所有人都是平等的。这进一步意味着，这种基本平等的政治结果是，没有人应当成为其他人实现目的的手段，没有人群应当成为其他人群用以达到目的的工具。每个人都自成宇宙，都只是自己的目的。他的目标是实现自身存在，包括那些只属于他、让他与众不同的特性。因此平等是差异性充分发展的基础，它引导个性的发展。

不妨对几个生物学差异进行考察，探究它们与男女之间性格差异的相关性，但本论文将仅主要考察其中一个。我们在此的目的与其说是全面考察两性间的性别差异，不如说是阐明总体论点。我们的主要研究对象是男人和女人各自在性交过程中的角色，并试图表明这种不同会导致某些性格学差异，而这些差异仅给由不同社会角色导致的主要差异添加外在色彩。

为了发挥性功能，男性必须勃起且在性交过程中保持这一状态直至达到性高潮。为了满足女性，他必须足够长时间地保持勃起状态以便使她也达到性高潮。这意味着，为了在性方面满足女性，男人必须展现他有能力勃起并保持这一状态。另一方面，女性要想在性方面满足男性，她什么都不用展示。诚然，她的兴奋度会提升男性的愉悦感。她的性器官中随之而来的某些生理变化会使性交对男人而言更加容易。既然我们只考虑纯粹的性反应，而非不同人格的微妙心理反应，我们得到的事实是，男性需要勃起来满足女性，而女性想要满足男性只需要一定程度的意愿。说到意愿，需要注意的很重要的一点是，女人能否为男性提供性满足取决于女性的意愿，这是她任何时候都能随自己心意做出的有意识的选择。

然而，男性能否为女性提供性满足绝不仅仅取决于他的意愿。事实上，他的性欲和勃起有可能违背他的意愿，也可能他有热烈的愿望却阳痿了。此外，对男人而言，无法行使性功能这一事实是无法掩盖的。尽管女性也可能完全或部分缺乏性反应，这种“失败”男人也常常看得出来，但这绝不似男人那般明显，而且可以大概率蒙混过关。如果女人有意愿并同意进行性交，男人只要对她有欲望就肯定能得到满足。但女人的情况就截然不同了：哪怕她有最炽热的性欲，如果男人对她的欲望不够强烈、无法勃起，她还是无法得到性满足。甚至是在性交过程当中，女人能否完全满足必定取决于男人是否有能力将她带往性高潮。如此一来，要想满足自己的伴侣，男人必须证明一些东西，而女人则不需要。

男女各自不同的性别角色导致了这样的结果：与性功能相关的男女具体焦虑的差异。男人和女人脆弱的当下就是焦虑产生之处。让男人脆弱的境遇是当他必须证明什么的时候，即他有可能失败的时候。对他而言，性交总是带有考验和测试的色彩。他特有的焦虑是关于失败的。对阉割的恐惧是极端情况，即害怕失去性器官从而永远无法行使性功能。然而女人的脆弱在于她对男人的依赖。与性功能相关的不安全感并不来自失败，而是来自被“剩下”，来自性欲无法满足，来自对通向性满足的过程缺乏完全的掌控。于是男人和女人的焦虑涉及不同领域，这一点不足为奇——男人的焦虑在于他的自我、声望、在女人眼中的价值，而女人的焦虑在于性快感和性满足。

读者现在可能会问：难道不是只有神经质的人才有这些焦虑吗？正常男人不都对自己的性能力确信无疑吗？正常女人不都相信自己的伴侣吗？难道这里涉及的不就是那些神经高度紧张、在性方面没有安全感的现代人吗？而那些史前时代的“穴居男”和“穴居女”，其原始性欲未遭破坏，是否能免于这样的怀疑和焦虑？

乍看之下，似乎是这么回事。总是担忧自己性能力的男人是某种典型的神经质人格，而总是害怕自己无法满足或因依赖性而备受煎熬的女人也是如此。通常情况下，“神经质的”和“正常的”之间更多是程度以及是否意识到的差别，而不是本质性差异。神经质的人那种看起来有意识的持续焦虑，在所谓正常人那里相对不被察觉，程度上也更轻微。女人也是一样的情况。此外，某些不会在正常人身上引起焦虑的事件却必定在神经质的人那里引发明显的焦虑。正常男人不会怀疑他的性能力。正常女人不会害怕自己选做性伴侣的人不能满足自己。挑选那个她“坚信”能满足她性欲的男人是她健康性本能的必要组成部分。这并没有改变如下现实：男人有可能失败，而女人永远不会；女人依赖男人的欲望，而男人并不依赖女人的欲望。

既然阐明这一点非常重要，让我们以另一领域的例子来做类比。想想一位演员或发言者与一位观众的区别。演员或发言者每次登台都很紧张，哪怕很有经验的人也会担心失败，因为对于大多数需要登台表演的人而言，一定程度的焦虑总是存在的。当然，总有些人感受不到任何焦虑。尽管如此，那些最不焦虑的人也会发现，成功的表演总能让人松一口气，使人兴高采烈、备感欢欣，这意味着他们并非完全没有意识到演出失败的可能性。

还有一个重要因素决定着焦虑的存在，并且决定了男人和女人焦虑的不同。

性别差异是人类最初进行基本群体划分的基础。男人和女人彼此需要：在生物学意义上，他们需要对方来进行种族和家庭延续；在心理上，他们需要彼此来满足性欲。但在任何两个不同群体彼此需要的情况下，都并不只存在和谐、合作以及互相满足的元素，同时存在的还有斗争和不和谐。

相互依赖型差异是基本的群体构成样态，爱与对立是其一体两面。男女之间的性关系很少能够摆脱潜在的对立和敌意。男人和女人除了能够彼此相爱，同样也能彼此憎恨。在任何男女关系中都潜在着敌对元素，就是从这种潜在性中，焦虑元素会时不时浮现出来。深爱的人有可能变成敌人，于是男人和女人各自脆弱之处就受到了威胁。

这种男女间焦虑的概念与弗洛伊德的概念有天壤之别。作者同意弗洛伊德的观点，认为两性之间有潜在的敌意，意见不同之处在于这种敌意的性质。弗洛伊德的基本态度是父权的，因此主要冲突存在于父亲与儿子之间。女人没有父亲那么重要，不足以构成威胁。对弗洛伊德而言，男人的主要恐惧是对阉割的惧怕。

然而，这种恐惧主要是一种威胁，并不来源于女人，而是来源于父亲对儿子乱伦欲望的妒忌。男性的阉割恐惧只是次要地指向女性。对他而言，女性只是低等性别，而不是不同性别，因此他无法认为男人会像害怕父亲一样害怕女人。

同时还要注意的是，关于性器官的焦虑对男人和女人而言是不一样的。对男性而言，这种焦虑最极端的形式就是想到自己的性器官会被割掉。除去一些例外，女性有关生殖器的焦虑并不涉及被切割或割除。她害怕身体内部受到伤害。阴道是通往身体内部的入口，同时也是女性身体柔弱而重要的器官。有理由认为，由通往身体内部的开口而遭受伤害，每个人对此都有潜在焦虑。然而，尽管其他开口或多或少得到了足够保护，阴道却明显不是这样——女孩先是受到父母的严格规训，接着有关强奸的种种谣传和想象给她们留下了深刻的印象。女性的正常焦虑并非阉割，而是对身体内部损伤无法防御，比如在违背意愿的情况下怀孕。

通过描述男性和女性各自特有的不同焦虑，我们已经讨论了一个源自性别角色差异的性格学差异。特定焦虑导致了克服焦虑的特定趋向。

如果说男人的主要焦虑是在预期任务中失败或无法表现良好，那么专为保护他免受此种焦虑的驱力就是对名望的渴求。男人打心底里屈服于一种渴望，即想要向自己、向他爱的女人、向所有其他女人以及向所有其他男人证明，他能够达到任何对他的期待。为了抵抗性行为失败的恐惧，他试图在所有其他生活领域寻找慰藉，通过运用意志力、体力和智力在竞争中确保成功。与对名望的渴求紧密相连的是对其他男人的竞争态度。因为害怕可能会失败，他倾向于证明自己比所有其他男人都强。唐璜直接在性爱领域这么做了；普通人采用间接的方式，比如杀死更多的敌人、猎取更多的鹿、赚更多的钱，或是在其他方面比他的男性竞争者更成功。

必须认识到，特殊的性别角色只是男人渴求声望和竞争力的一个次要来源，更重要的来源是社会和文化。正如一些心理分析学家、人类学家和社会学家所著述的那样，这样的渴求主要源自特定文化中孩子和成人的具体经历。事实表明，当孩子心中产生焦虑时，他会感到无力与自卑，因此急需获得他人的认可，让大家喜欢他，并且比其他竞争者更优秀。现代社会和经济体系是建立在竞争和成功原则基础上的，意识形态赞扬这种价值观。由于诸如此类的状况，对声望和竞争力的渴求就深深植入了身处西方文化的每个普通人心中。即使不存在男女性别角色的不同，这些渴望仍会基于社会因素而在男人和女人心中存在。源于社会因素的影响如此强大，以至于有理由怀疑，是否本章讨论的性别因素会在任何显著程度上导致男性对声望的渴求。最重要的不是了解性别因素在多大程度上引起竞争性的增加，而是需要认识到除了社会因素外，还存在哪些因素会导致人们争强好胜。在西方文化中，文化因素施予男人的压力往往与性别因素同向变化。对女人而言，文化与性别因素过去也是同向运作的，但随着女性地位的根本变化，决定男人生活的社会、经济条件愈发为女人所分享，男人和女人面临同样的社会因素，于是现在有足够的经验证据让人认识到，这些社会因素要比性别因素强大得多。

追逐声望的行为富有男子气概，能让人更好地看清男性虚荣心的独特之处。人们常说女人比男人更虚荣。虽然实际情况往往相反，真正重要的并不是量的差异，而是男女虚荣心性质的不同。男人的虚荣本质上是炫耀，是去展示自己的“表现”多么棒。他表现得好像他生活在一场无休止的考验之梦中。他急于宣告他不害怕失败。这样的虚荣心似乎渲染了一切男性活动。从做爱到最富于勇气的战斗和思考，几乎没有哪一项男性成就未在一定程度上被这种典型的男性虚荣渲染。基于如此实际情况，他的活动是缺乏严肃性的。

男人渴求声望的另一个方面是他对嘲讽格外敏感，尤其是女人的嘲讽。哪怕一个懦夫也有可能因为害怕被女人嘲笑而变成一个英雄般的人物，甚至失去生命可能都没有被女人嘲笑那么可怕。事实上，这是典型的男性英雄主义模式，它并不比女性能够展示出的英雄主义更伟大，但因为被某种男性虚荣心渲染而有所不同。

男人对女人缺乏安全感以及惧怕她的嘲笑，产生的另一个后果是男人对女人的憎恨。这种憎恨导致男人以攻为守，拼命去支配女人、控制女人，使她感到虚弱和卑下。他若成功了，就不必害怕她了。如果女人惧怕男人，害怕被杀、被打、被饿死，她也就不可能嘲笑他了。对一个人的控制权既不依赖于情欲的热烈，也不依赖于性和情感的生产性作用。控制权所依赖的因素可以被牢牢地维持住，以至于丝毫不存在对无能的质疑。捎带提一句，许诺男人对女人的控制权是父权倾向的《圣经》神话提供给男人的慰藉，哪怕是在上帝诅咒男人的时候。

最后一个应被提及的男性特征源自对失败的恐惧，因为与其说它是一个“正常”特征，倒不如说它与心理分析文献讨论的一个问题相关联：男性希望成为女人。虽然弗洛伊德很自然地认为女性心理的一个普遍特征是希望成为男人，但另一些心理分析学家认识到男人也有成为女人的愿望，并给出了各种各样的解释。其中一个解释是，男人嫉妒女人能够生育孩子，这一点稍后再谈及。此处的目的是指出男人需要去证明自己与他希望成为女人之间的联系。男人不断处于“考验”的情境中，这是沉重的负担。如果他能逃脱这个重担，他将如释重负，而若是个女人就能办到。然而对于正常男人而言，这种愿望通常是无意识的，而且非常微弱。但神经质的男人想成为女人的愿望极为强烈，无论他自己意识到了还是愿望被压抑了。愿望的强度取决于男人对失败表现的惧怕程度，这种愿望反过来又根植于整个人格结构之中。

正如某些性格学倾向源于男性的主要焦虑——惧怕失败，另一些则源于女性的主要恐惧——惧怕依赖。害怕落单（无论在性行为中还是在情感和社会方面）以及害怕依赖他人，构成了通常认为的典型女性特质。这种依赖可以追溯到女人的“天性”。在任何父权制文化中，女性的传统角色决定了女人对依赖的恐惧，不管她性别角色的具体状况如何。但社会条件再次被误认为天生如此。尽管对女人天性的理解存在传统谬误，但在对女人依赖性的表述中包含了不容忽视的真相内核。这是由她特殊的性别角色导致的，在此将重新概述。女人不需要证明什么。她不必害怕失败，但她的性满足依赖于她自身之外的东西——男人对她的欲望以及他将欲望贯彻到底的性能力。男人无法完全确定自己是否会成功，这种恐惧伤害了他的自尊。女人无法完全确定她能否依赖他，这种恐惧让她以一种不同的方式感到缺乏安全感以及焦虑。

女人的这种处境导致的特征之一就是虚荣心，但这是一种本质上有别于男人的虚荣心。男人的虚荣是去展现自己的能力，去证明他永远不会失败；女人的虚荣本质上是需要施展自己的吸引力，需要证明自己能够吸引别人，是有吸引力的。诚然，为了赢得女人，男人需要在性关系中吸引女人。在一个文化中，当性吸引力涉及差别化的品位和情感时，这一点毋庸置疑。但男人还可以通过别的方式赢得女人，使她成为自己的性伴侣：纯粹的体力，或者更重要的，社会权力和财富。他获得性满足的机会并不仅仅依赖于他的性吸引力。女人的性满足则全然取决于她的吸引力。不管是强力还是允诺都无法使一个男人成功发挥性功能。女人的性别角色使得她必须让自己具备吸引力，她的虚荣和对自己吸引力的执着就来源于此。

女人惧怕依赖、挫败，惧怕让自己不得不等待的性别角色，这常常导致一种弗洛伊德反复强调的愿望——拥有男性生殖器的愿望。然而这个愿望的根源并不主要是女人觉得她缺少什么东西，觉得她因为没有阴茎而不如男人。虽然在很多情况下也存在其他原因，但女人拥有阴茎的愿望常常源于她希望独立自主、活动不受限制以及不用被迫面临挫败的窘境。正如男人希望成为女人或许是因为他希望摆脱接受考验的负担，女人希望拥有阴茎可能源于她渴望克服自己的依赖性。再者，在一些并非罕见的特殊情况下，阴茎不仅仅是独立自主的象征，在施虐攻击倾向中，它还象征着用以伤害男人和其他女人的武器。

如果男人对抗女人的主要武器是凌驾于她之上的体力和社会

权力，那么女人的主要武器是她嘲讽男人的能力。嘲弄一个男人最根本的方式是让他失去性能力。女人可以用很多或直白或含蓄的方式做到这一点，包括直接表达或暗示男人无法满足她，以及通过性冷淡，或者那种让性交事实上无法继续的阴道痉挛。阉割男人的愿望似乎不像弗洛伊德认为的那么重要。诚然，一种方式是通过意愿表达而让男人丧失性能力，这通常毫无疑问地表现在破坏和施虐倾向中。但就主要目的而言，女人的敌意似乎并非要造成身体上而是功能上的伤害，是去妨碍男人表现自己的能力。男人特有的敌意是去征服压制，而女人则是去动摇削弱。

还有一些性别差异对男女性格差异存在影响。女性生殖器与男性相比更具差异性，因为她的性兴奋有两大源头。女人性兴奋的主要源头恰巧是在体内的，男性的却是在体外。当男人性兴奋时，身体会有明显可见的变化，而女人却不是这样。性行为对女人而言意味着怀孕的可能性，随之而来的是腺体组织的巨大变化；但在男性机体中，性行为却不会导致如此深刻的变化。我们本章的目的不是讨论这些问题，但还有一个差别需要好好讨论，因为它在经典心理分析学文献中常被忽略。

女人能够生孩子，而男人不行。从典型的父权视角出发，弗洛伊德认为女人羡慕男人的性器，但他没有注意到一种可能性，那就是男人羡慕女人的生育能力。这种一边倒的观点不仅源自男人常有的假设前提——男性比女性更优越，还来源于高度技术工业化文明中贬低自然生产力的态度。然而，如果考虑到在早期人类历史中，生命本质上依赖于自然的而非技术的生产力，女人与土地和雌性动物共享生育天赋这一事实不能不让人大为赞叹。若只考虑纯粹的自然领域，男人是贫瘠的。在一个极为重视自然生产力的文化当中，人们会认为男人不如女人，尤其是当人们还没有清楚地理解男人在生育孩子过程中扮演的角色的时候。我们有理由认为，男人因为这个自身欠缺的能力而钦佩女人，他对女人充满敬畏并羡慕她。他无法生育，他只能杀死动物以便将它们吃掉，或者杀死敌人以便让自己安全或以某种神奇的方式获得他们的力量。

我们不会讨论在更纯粹的农耕社群中这些影响体现在什么地方，而要简要讨论一些重要的历史变化所产生的效果。最重要的历史变化之一就是不断增加的对技术生产模式的运用。脑力愈来愈多地运用于改进和提升各种生存手段，而它们原本仅依赖于自然的馈赠。女性原本因为生育天赋而比男人优越，男人原本需要通过杀戮技能而弥补这一缺失，然而男人渐渐学会使用理智作为理性生产力的基础。这一发展过程在初期与魔法联系密切，而在目前高度发达的阶段与科学紧密结合。女人在生理上具备生产能力，而男人通过坚定的理性努力证明了自己的生产力。

与其在此深入这一话题，不如直接参阅巴霍芬、摩尔根和布里佛的著作，他们搜集了大量人类学资料并进行了精彩分析。尽管这些资料或许没能证明他们的论点，但有力地表明了在早期人类历史的几个阶段存在某些文化，其社会组织围绕母亲而建构，代表自然生产力的母神是人类宗教思想的核心。

举一个例子就够了。古巴比伦的创世神话始于统治宇宙万物的母神提亚马特。她的统治受到儿子们威胁，他们计划反抗并推翻她。为了这场战斗他们需要寻找一位领袖，此人必须在力量上与她匹敌。他们最终同意让马尔杜克担当这一角色，但在选定他之前，要他接受一项考验。什么考验呢？一件大衣摆在他面前，他必须“用嘴的力量”让大衣消失，再用一个词让它重新出现。这位被选中的领袖用一个词毁掉了大衣，接着用一个词将它重新创造出来。他的领袖地位得到了确认。他打败了母神，从她的身体里创造出天和地。这项考验的意义是什么呢？如果男性神灵要与女性神灵力量相当，就必须拥有女性的那个优越品质——创造之力。这个考验就是为了证明他也拥有这个力量，而不仅仅是男性特有的毁灭之力——男人传统上用以改造自然的力量。他先破坏，而后重新创造一个实体，但他是用言语做到这一点的，而非像女人一样使用子宫。自然生产力被思想和语言过程的魔力所取代。

《圣经》创世神话始于古巴比伦创世神话结束的地方。女神至高无上的地位几乎被抹除得了无痕迹。创世始于上帝的魔力，同样是用言语进行创造的魔力。男性创造力的主题得以重复，且与事实相反，男人不是女人所生，女人反倒出自男人。《圣经》神话几乎是一首男人战胜女人的凯歌，它否认女人生育男人，颠倒了自然关系。在上帝的诅咒中，男性的至高地位再次被维护。女性的生育功能虽得到承认，但它将是痛苦的。男人注定要工作，也就是说要生产，如此一来，他替代了原本属于女性的生产力，即使这一过程也是充满汗水和悲伤的。

我们已经花了一定篇幅讨论宗教历史中的母权残余现象，为的是说明以下要点：女人拥有男人所缺乏的自然生产能力，男人在这一层面上是贫瘠的。在某些历史时期，女性的支配地位能被明显地感受到，但后来所有的关注都放在了男性的魔力和理性生产力上。然而即使在今天，这种差异在无意识中似乎并没有完全丧失意义，男人依然因为女人拥有他所缺乏的能力而在心下某处对女人充满敬畏。他对这种能力既羡慕又恐惧。在性格中的某处，他永远需要为弥补自身匮乏做出努力；而在女人性格中的某处，存在着对于男人“不育”的优越感。

到目前为止，我们已经讨论了由于男女性别差异而导致的某些性格学差异。这是否可以理解为一些个性特征（一方面比如过度依赖，另一方面比如对声望和竞争力的渴望）本质上是由性别差异引起的？人们是否会期待任何一个女人或男人表现出这些特征？如此一来，如果他们具有对方性别的典型特征，是否可以把这一事实解释为存在同性恋成分？

无法得出这样的结论。性别差异影响着普通男女的个性。这种影响可以被比作谱写乐曲时的音调和调式，而非乐曲本身。再者，它仅分别适用于普通男性和女性，并且因人而异。这些“自然”差异与人们生活在其中的特定文化所带来的差异交织在一起。例如，在我们今天的文化当中，无论事实上还是意识形态上，女性都依附于男性，而男性对威望和在竞争中成功充满渴望，但这些趋势的存在与性别角色的关联远小于与社会角色的关联。社会的组织方式使得这些对抗必然存在，无论它们是否源于特定的男性或女性特质。可以在现代男人身上看到的对威望的渴求始于中世纪末，主要受社会和经济制度而非性别角色的影响；女人的依赖性也是如此。实际上，文化模式和社会形式可以创造出一些性格趋向，而与之相对应，同样的趋向也可以根植于完全不同的来源，比如性别差异。如果确实如此，这两种平行趋向融为一体，那么似乎这些来源也是一样的了。换句话说，打个比方，如果文化模式使得男人产生依赖性，那么由性别差异导致的这种趋向将几乎从女性身上被抹除，本应根据“自然”差异而在一种性别身上看到的趋向将在相反性别中看到。

对威望和依赖的渴望作为文化的产物决定了整个人格，它们不是音调，而是旋律本身。于是一个女人是依赖的，而一个男人是渴求威望的。个体人格就这样被化约为整个人类人格光谱中的一部分。但源于自然差异的性格差异却不是这样。女人并不天生具有依赖性，男人也非本就虚荣。其原因可能在于，比两性差异更深刻的是他们之间的平等，男人和女人首先都是人类，拥有相同的潜力、相同的欲望和相同的恐惧。由自然差异导致的任何两性差异都不会使他们彼此相异，而只会使他们本质相同的人格呈现细微的不同，侧重这种或那种不同趋向——这种侧重在经验上表现为一种外在色彩。这些根植于性别差异的不同似乎无法作为基础，为塑造男女在任何一个特定社会中的不同角色提供依据。

很明显可以看到，相较于同性之间的性格学差异，今天无论存在怎样的性别差异，它们都是相对微不足道的。性别差异不影响人们做任何工作的能力。某些高度差异化的成就在品质上可能受到性别特色的影响，一种性别可能比另一种性别在某种工作中更有天分，但这种情况同样适用于性格外向者与性格内向者的区别，以及体型矮胖者与体型瘦长者的区别。没有人会因为这样的个人特色而考虑到社会、经济和政治上的差异化。

再者，相较于塑造男性化或女性化性格模式的一般社会影响而言，很明显，任何人的个人经历以及——从社会角度看——偶然经历都是极为重要的。这些个人经历反过来与文化模式混合在一起，一般会强化但有时也会弱化文化模式的影响。这些社会和个人因素的影响在绝大多数情况下是强于我们在此讨论的“自然”因素的。

不应根据男女性别角色的不同而从社会和道德角度进行价值评判，当人们感到有必要强调这一点，那就是时代的悲哀。这些不同点本身并无好坏之分，也无所谓令人向往或是让人不幸。在某些条件下，同一种性格特征在一种人格中呈现为积极的特点，而在另一些条件下、在另一种人格中呈现为消极的特点。如此一来，男人害怕失败、渴求威望可以表现为明显的消极形式——虚荣、缺乏严肃性、不可靠以及自吹自擂；但似乎同样显而易见的是，这种相同的特征也可以产生非常积极的性格特质——积极主动、活跃以及勇气。这一点同样适用于前文描述的女性特征。女性的特质常常导致其在现实中、在情感和理智上无法“独立自主”，但在另一些条件下，她会成为耐心、可靠、强烈的爱以及性魅力的源泉。

此种或彼种特征会产生积极抑或消极结果，这取决于具体个人的整体性格结构。例如，像这样会导致积极抑或消极结果的人格因素，既包括焦虑也包括自立，既包括破坏性也包括建设性。但孤立地挑出一两个特征是不够的，只有整体性格结构才能决定某个男性化或女性化特点能否转变为积极或消极特征。克拉格斯在他的笔迹学体系中也引入了同样的原则。根据他所说的整体人格的形式水平（Formniveau），书写中的任何一个特征都可能具有积极或消极的意义。如果一个人的性格可以被称为“有条理”，它可能意味着两者之一：要么表明了某种积极的东西，即他不“马虎”，有能力组织自己的生活；或者可能意味着某种消极的东西，即他迂腐、刻板或缺乏主动性。显然，有条理这一特征可以导致消极结果抑或积极结果，但这取决于整个人格中的其他若干因素，后者转而取决于一些外在条件，它们既可能有助于生命的成长也可能成为生命的窒碍。

尽管优—劣势关系至少意味着暂时的差异，但这种差异绝不与优—劣势等同，也不一定与之相关。那些不能意识到这一点的人，在他们的整个人格结构基础上既无法理解也无法体验平等。因此，法西斯独裁主义者只能将差异与不平等混为一谈。他蔑视任何权力比他小的人，他“爱”那些有权有势的人，他的思想受到这些情感的影响。他无法基于对每个人尊严的尊重而建立人际关系。每当感觉到差异时，他就必须寻找一种隐含的优势或劣势关系。只要他能展示人群之间的差异，就相信自己已经证明了孰优孰劣。那些坚持人类平等原则的人不应被误导从而接受这一法西斯主义的前提。我们可以创造社会条件来使不同个人、性别和民族群体的独特之处往积极的方面发展。这些条件在全世界都是需要的。如果它们得以实现，人与人之间的差异将得到加强。这些差异无关好坏，只是人格的个性色彩，这将使人类文化更加丰富和广阔，使家庭结构更加融为一体。

7. 男女之间

男女之间的关系问题显然极难处理，若非如此，人们就不会那么频繁地把它搞砸了。因此要讨论它，最好的方式是提出一些问题。如果通过这些问题我能引发你的思考，或许你能从自己的经验中找到答案。

我想提出的第一个问题是：这一话题本身难道没有隐含谬误吗？它似乎意味着男女关系困难重重的本质原因在于性别差异。事实并非如此。一个男人和一个女人之间，男人们和女人们之间的关系，本质上都是人与人之间的关系。任何在人与人之间的关系中是好的东西，在男女关系中也是好的；而任何在人际关系中是坏的东西，在男女关系中也是坏的。

男女关系中的特定缺陷主要不是源自男性或女性特征，而是源于人与人之间的关系。

稍后我会再讨论这个问题，但我想对整个话题再进行一次限定。男人和女人之间的关系是胜利者和失败者群体之间的关系。在 1949 年的美国①，这可能听起来奇怪又好笑，然而我们必须考虑过去五千年来男女关系的历史，以了解历史如何影响了当今的状况、两性之间的态度以及他们对彼此的理解和感受。只有这样，我们才能处理男女之间有何具体差异的问题；只有这样，我们才能确定男女关系的特征是什么，才能确定讨论的是男女关系问题本身，而不仅仅是人与人的关系问题。

让我从第二个问题开始，将男女之间的关系定义为胜利者和失败者群体之间的关系。我刚才说，在当今时代的美国这么说听起来很好笑，因为很明显，女性——当然是大城市中的女性——

---

① 本文基于弗洛姆 1949 年所作演讲。——译者

无论从外观上、感觉上还是行为上都不像一个被打败的群体。

我们今天的城市文化中哪种性别更强大，对此已经有了很多讨论，且不无道理。然而，我认为问题并没有那么简单。它甚至也不像以下说法看起来的那样简单：美国妇女已经获得解放，因而与男子享有平等地位。我认为几千年来的斗争仍然体现在我们文化中男女关系得以维持的特殊方式上。

有力证据使我们认为，在过去的五千到六千年，存在于中国、印度、欧洲和美洲的父权社会并不是组织两性生活的唯一形式。大量证据表明（即使不是随处可见，至少在许多地方），在男性主导的父权社会之前存在母权社会，其特点是女人和母亲是社会和家庭的中心。

女人曾在社会和家庭体系中占主导地位，你可以在各种宗教体制中看到这种支配地位的痕迹。你甚至可以在我们都熟悉的文献《圣经·旧约》中找到这种古老组织形式的痕迹。

若客观地阅读亚当和夏娃的故事，你会发现什么？一个针对夏娃的诅咒：它间接地针对亚当，因为支配别人与被支配相比并没有更好。作为对她罪孽的惩罚，男人将统治她，她的丈夫将成为她的欲望对象。

显然，如果男人对女人的支配作为新的原则建立起来，那么必定曾有一个时期并非如此，我们的确有文献表明情况就是这样。如果你将巴比伦的创世叙述与《圣经》故事相比较，你会发现在时间上早于《圣经》故事的巴比伦故事中，存在着截然不同的东西。在巴比伦叙述的中心，你发现的不是男性的神，而是女神提亚马特。她的儿子们试图反叛她，并最终将她打败，在巴比伦主神马尔杜克的领导下建立了男性诸神的统治。

如果你阅读《圣经》中的创世故事，会发现它的起始处就是巴比伦故事的结尾处。上帝用他的言语创造世界。为了强调父权文化优于母权文化，《圣经》故事告诉我们夏娃产生自男人，而非男人由女人所生。

在父权文化中，男性似乎注定要统治女性，注定成为更强大的性别，这一文化在世界范围内持续存在。事实上，今天我们只有在小型原始社群中才能发现某些古老的母权形态残留。直至近期，男人对女人的统治才逐渐瓦解。

很难说母权制和父权制哪个更好。事实上，我认为这种形式的问题是错误的，因为你可能会说母权制强调的元素包括天然联结、自然平等和爱；而父权制强调的元素包括文明、思想、国家、发明和工业，在许多方面较之古老的母权文化而言，更强调进步。

人类的目标必须是不存在任何类型的等级制，无论是母权的还是父权的。我们要努力达到的情况是，两性在互动中不再试图支配对方。只有这样，他们才能发展出真正的差异，真正的两极性。

重要的是认识到，尽管表面尚可，但我们的文化体系并没有实现这一目标。它是父权统治的终结，但它还不是一个两性平等的体制，还有很多斗争正在进行。我确信这场斗争在一定程度上不仅仅是两个人之间的个别斗争，而仍与由来已久的两性之争相关。这是一名男性和一名女性之间的持续冲突，他们感到困惑，不明白各自的角色是什么。

在父权制社会中，统治集团总是针对被统治者开发出各种典型的意识形态和偏见：女人情绪化、不守纪律、虚荣、孩子气、缺乏组织能力，不如男人强壮，却很有魅力。

但显而易见的是，在父权制社会中发展起来的这些关于女人天性的观念在某些情况下与事实恰恰相反。女人比男人更虚荣的观念从何而来？我认为任何对男人有所研究的人都能看到，若说男人有任何特点可被描述的话，那就是他们很虚荣。事实上，他们做任何事情几乎都会有炫耀的成分。

女人远不及男人虚荣。诚然，女性有时不得不表现出些许虚荣心，那是因为她们要么处于或曾经处于不得不寻求恩惠的境地，即成为所谓的弱女子，但毫无疑问的是，任何冷静的观察都能驳倒女人比男人更虚荣这一天方夜谭。

另举一例，还有一种偏见认为男人比女人更坚强。每一位护士都可以告诉你，男性在接受注射或验血时晕倒的比例远远高于女性；女性总体而言更能忍受疼痛，而同样的疼痛会把男人变成无助的孩子，让他们跑去找妈妈。然而几个世纪以来，或者更确切地说几千年来，男性成功地传播了这样一种观念：他们是更强壮、更坚强的性别。

好吧，这没有什么好吃惊的。这是这样一群人的典型意识形态，他们必须证明自己有权实施统治。如果你在数量上不占多数，几乎刚好是人口的一半，而几千年来一直宣称你有权对另一半人进行统治，那么你的意识形态必须是看似合理的，这样才能使另一半人信服，并且尤其使你自己信服。

男女平等问题在 18 和 19 世纪变得尤为尖锐。这一时期出现了一个非常有趣的现象，即那些宣称女人应与男人享有平等权利的人也声称两性在心理上没有差别。正如法国人所说，灵魂是没有性别的，因此两性在心理上也没有任何差别。有些人反对女性在政治和社会方面享有平等，他们常常非常机智和巧妙地强调女人在心理上与男人有多么不同。当然，他们一次又一次要表达的论点是，由于心理差异，不以平等的姿态参与政治和社会生活对女人有好处，能让她们更好地履行天职。

直至今日，我们发现抱持相似态度的仍大有人在，包括众多女权主义者、进步人士、自由主义者或任何支持人类普遍平等，特别是两性平等的团体。持这种态度的人声称不存在差异，或将这些差异最小化。他们称，无论存在什么差异都只是文化环境和教育造成的，但凡两性之间存在内在心理差异，也都是环境或教育因素造成的结果。

虽然这种观点在男女平等的捍卫者当中很受欢迎，但恐怕在许多方面都是一种糟糕的观点。或许它最大的缺点在于不真实。这就好比说不同民族群体之间没有心理差异，任何使用“种族”一词的人都正在说一些可怕的话。虽然从科学上讲，“种族”一词可能不是个好词，但不同国家、民族的人民在身体和气质上确实存在差异。

第二个让我认为这种推理很糟糕的原因是，它隐含了错误的原则。它暗示平等意味着每个人都要跟别人一样，即平等意味着等同。事实上，平等和对平等的要求意味着截然相反的东西，即尽管存在各种差异，没有人应成为任何其他人实现目的的工具，每个人自己就是目的和意义。这意味着每个人作为个体、作为特定性别的一员、作为特定民族的成员都可以自由地发展自己的独特性。平等并不意味着否定差异，而是意味着尽可能充分地实现差异性。

如果我们自认为平等意味着毫无差异，就会强化那些导致我们的文化变得贫瘠的趋势，也就是导致个体呈现“自动化”，削弱人类存在中最有价值的部分，即个人独特性的展现和发展。

在使用“独特性”一词时，我想提醒你这个词的命运是多么奇怪。如果我们今天说某人很独特，我们不是指任何特别令人愉快的东西。然而，这理应是我们所能给予的最高赞美。说某人是独特的理应意味着他没有屈从，他保留着人类存在中最珍贵的部分——他的个性，以及他是一个独一无二的人，不同于太阳底下的任何一个人。

我认为，把平等与同一性划等号是种谬误，它能作为原因之一解释美国文化中的一个独特现象，即人们倾向于贬低两性之间的差异，将其掩盖，找理由将其搪塞过去。女人试图变得像男人，男人有时像女人，男性和女性之间、男人和女人之间的两极对立趋于消失。

事实上，我认为在某种普遍意义上说，这个问题的唯一答案是致力在两性关系中建立一种极性概念。对于电流的正负两极，你不会说孰优孰劣。你会说两极之间的磁场是由它们的极性引起的，而正是这种极性构成了生产力的基础。

在同样的意义上，分处两极的是两种性别及其所代表的世界、宇宙和我们每个人中男性和女性的方面，必须保持它们的差异和极性，这样才能使富有成果的动力和生产力从中迸发出来并发挥作用。

现在让我来谈谈第二个前提，即在任何特定社会中，男女之间的关系永远不会比人与人之间的关系更好，但也不会更糟。若要在我们的人际关系中挑出一个最能影响和破坏男女关系的因素，我必须提及我在《自我的追寻》一书中所说的营销型人格导向。我要说的是，事实上我们都非常孤独，尽管表面上我们都擅长交际且与很多人都有“联系”。

今天的普通人都非常孤独，感到自己孤身一人。他觉得自己是件商品，我的意思是，觉得自己的价值取决于成功与否、是否有卖点以及能否获得他人认同。他感到自身价值并不依赖于他的内在或是你可能会称之为“性格的实用价值”的东西，也不依赖于他的个人能力、爱的能力以及作为人的素质，除非他能把它们作为卖点卖掉、能成功、能获得他人的认可。这就是我所说的“营销型人格导向”。

这就解释了今天大多数人的自尊心何以非常脆弱这一事实。他们觉得自己有价值不是因为他们深信“这是我，这是我爱的能力，这是我思考和感受的能力”，而是因为他们得到了别人的认可，能把自己推销出去，因为别人说“这是个极好的男人”或“很棒的女人”。

自然而然，当自尊感是建立在他人之上的时候，就变得不确定了。每天都是一场新的战斗，因为每天你都需要说服他人并向自己证明：我还不错。

打个比方，我建议你想想商店柜台上手提包的感受。一种卖得很好的特定款式的手提包晚上会感到兴高采烈；而另一种手提包因为款式稍许过时或者有点太贵而卖不出去，就会感到沮丧。

一只手提包会感到“我很棒”，而另一只会觉得“我毫无价值”，但那个“很棒”的手提包可能并不比另一个更漂亮、更实用或有更好的内在品质。卖不出去的手提包会感到不被需要。在这个类比中，手提包的价值感取决于它的成功，取决于有多少买家出于某种原因而选择了它。

对人类而言，这意味着一个人必须是特别的，一个人的个性必须始终保持开放，以便依照最新款做出改变。这就是为什么父母和孩子在一起时经常感到尴尬。孩子们比父母更了解最新款，但父母已经做好了受教育、被告知和去学习的准备，他们会和孩子们一样听取个性市场的最新行情。

那么去哪里找这些市场行情呢？在哪里读到它们呢？在电影里，在酒类广告中，在服装广告中，在大人物穿着谈吐方式的指示下。

一个新款仅仅几年后就被认为过时了。我在《星期日泰晤士报》杂志上读到一个十四岁的小女孩说她的母亲太过时了，以为现在还是 1945 年。起初我不理解，以为这是一个印刷错误，直到我明白 1945 年对这个女孩来说似乎已经老掉牙了。然而，我肯定她母亲知道自己必须尽快赶上时代。

这种“营销型人格导向”如何影响两性关系以及男人和女人之间的关系呢？首先，我认为很多以爱的名义进行的行为都是在追寻成功和认可。一个人需要有人不仅在下午四点，而且在八点、十点和十二点都告诉他：“你很好，你不错，你很成功。”这是一个因素。

另一个因素是，人们也会通过选择合适的人来证明自身价值。一个人需要自己成为最新的款型，但他也有权利、有义务爱上最新的款型。这可以用一个十八岁男孩的话直白地表达出来。当被问到人生抱负时，他说他想买一辆更好的车，想把他的福特换成别克，这样他就能钓到更高档次的女孩。

好吧，这个男孩至少是坦率的，但我认为他表达了在我们文化中什么东西在很大程度上以一种更微妙的方式决定了我们对伴侣的选择。

营销型人格导向对两性关系还有另一个影响。在营销型导向中，一切都是模式化的，我们渴望成为最新款型，以最时新的方式行动。因此，我们选择的角色——特别是我们的性别角色——是高度模式化的，但这些模式并不均衡统一，它们常常互相冲突。男人在事业上应该咄咄逼人，在家里应该温柔体贴。他应该为工作拼尽全力，但晚上回家后不应感到疲惫。对待客户或竞争对手他应该铁面无情，但对待妻儿他应该非常诚实。他应该受所有人喜爱，但应把最深沉的爱留给家人。

这下好了！这个可怜的人努力符合这些模式。事实上，他只有不把它们太当回事才有可能让自己免于发疯。女人也是如此。她们必须依照的生活模式也跟男人的一样充满矛盾。

当然，每种文化中都存在着公认的男人和女人的模式以及男性化和女性化的模式，但以前这些模式至少还有一定的稳定性。而在我们的文化中，我们如此依赖于最新的款型，依赖于恰到好处，依赖于他人认可和符合他人预期，以至于分属我们男性或女性角色的真正品质变得模糊不清。男女之间的关系中几乎没有什么具体内容留存下来。

如果男女之间关系的选择是建立在营销型导向和高度模式化角色的基础之上，必然发生的事情是人们会感到无聊。我认为“无聊”一词没有得到应有的关注。我们谈论发生在人们身上的各种糟糕的事情，但我们极少谈论其中最糟糕的事——无聊，一个人无聊，以及更糟糕的，大家一起无聊。

对于这种无聊，许多人只看到两种解决办法。为了避免无聊，他们会使用我们文化提供的林林总总途径中的任何一种——参加聚会、互相联络、喝酒、打牌、听广播，这样每日每夜自娱自乐。抑或他们觉得换个伴侣就能改变现状，当然这在一定程度上取决于他们所属的社会阶层。他们认为这样或那样的婚姻之所以一无是处，是因为他们找错了伴侣，于是思忖着换一个伴侣就会消除无聊。

人们没有看到主要问题并不是“我被爱着吗?”，这在很大程度上是在问“我被认可吗？我受到保护了吗？我被欣赏吗?”。主要问题是：“我有能力爱吗?”

这确实很难。一段时间的被爱和“坠入爱河”是非常简单的，直到你变得无聊以及感到无聊。但去爱，仿佛是去“站立在爱中”，尽管不是人类所不能及，却着实困难。事实上，这是人类最基本的品质。

如果一个人不能独处，不能真心对他人、对自己感兴趣，那么这个人就不可能与任何人相处一段时间后而不感到无聊。如果两性之间的关系成为一个人逃避孤独和孤立的避难所，那就与真正的两性关系所蕴含的潜力毫无关系。

我还想提及另一个谬论，即认为两性之间的真正问题在于性。三十年前，我们感到非常自豪，抑或我们中的许多人如此，因为在性解放的时代，过去的枷锁似乎正在破裂，两性关系的新阶段正在开启。然而结局并不像许多人想象的那样美好，因为闪光的未必都是性。① 有很多性冲动的动机本身与性无关。

性的最大刺激因素之一是虚荣心，它有可能比其他任何因素都重要。但同样重要的还有孤独，以及对现有关系的反叛。一个男人进行新的性征服，自以为是女人对他的性吸引力驱使着他，但实际上激发他的是虚荣心，是证明自己比其他男性强大的驱力。

没有性关系能比两个人之间的人际关系更好。性通常是亲密的捷径，但它具有很大的欺骗性。性当然是人际关系的一部分，但在我们的文化中，性负载着过多其他功能，因此恐怕看似伟大的性自由绝不仅仅是性的问题。

那么，我们对男人和女人之间的真正差别有任何了解吗？到目前为止，我所说的都是负面的。如果你期望得到关于男女差异清晰的表述，你必然会失望。我认为我们并不了解这些差异。鉴于我前面提到的状况，我们也不可能了解它们。如果两性之间已经斗争了数千年，已经对彼此产生了偏见，并且这些偏见成了这种斗争状况的典型特征，那么我们又怎么可能在此时此刻知道真正的差异是什么呢？

---

① 此句是对“闪光的未必都是金子”（All that glitters is not gold.）这句谚语的戏仿。——译者

只有当我们忘记这些差异，忘记这些成见，才能形成对平等的感知，让每个人都成为自身的目的。到那时我们才有可能对男女之间的差异有所了解。

但我还是想谈谈一个差异，我认为它与男女关系成功与否有一定关系，因此在我们的文化当中应该对它进行思考。在我看来，女人似乎能够比男人更温柔。这不足为怪，因为在女人与孩子的关系中，温柔地对待孩子是最主要的美德。

众所周知，当今的风尚是强调何时给孩子喂奶、何时给孩子断奶以及如何进行如厕训练，若你去听精神病学讲座尤其如此。人们相信这些处方是有效的，通过这些小技巧能让孩子快乐。

但人们忘了，其实只有一件事是重要的，那就是母亲对孩子的温柔，这种温柔意涵丰富。温柔意味着爱、尊重和知识。温柔就其本质而言，与性、饥饿或口渴截然不同。从心理学上讲，性、饥饿和口渴等欲望的特点可以说是一种自行推进的动力。它们变得越来越强烈，在一个相当突然的高潮戛然而止，此时人们获得满足感，暂无更多欲求。

这是一种欲望或冲动的本质。而温柔属于另一种追求。温柔不是自行推进的，它没有目标、没有高潮、没有终止。它的满足在于其行为本身，在于做一个友善、温暖的人，为他人考虑，尊重他人，使他人快乐，并在这一过程中自己感到喜悦。我认为温柔是任何人都能拥有的最能自我肯定、最充满愉悦的体验之一，且人们通常都有能力做到。对于这样的人来说，温柔无所谓无私，无所谓牺牲；只有对做不到的人来说，温柔才是牺牲。

我的印象是我们的文化中没有多少温柔。以电影中的爱情故事为例，所有激情的吻都被删减掉了，但观众却应想象它们是多么美妙。这些电影宣称它们描述激情。它们对许多人来说可能不太有说服力，但对其他不少人来说，这就是爱原本的样子。但你是否能经常看到电影中表达两性间真正的温柔？抑或是成年人和儿童之间的温柔？或者在普遍的人与人之间？我想是很少的。这里我的意思不是说我们没有能力温柔，而是说我们的文化并不鼓励温柔。部分原因是我们的文化是以目的为导向的：一切皆有目的，一切皆有目标，一切皆应通向某处，你必须“有所进展”。

当然，我们试图节省时间，但不知该拿这些时间干什么，于是就把它消磨掉。我们的首要冲动是有所进展。我们对生活过程本身没什么感觉。这一过程没有目标，只是生活，只是吃、喝、睡、思考、感受或看到一些东西。我们会说，如果生活没有目标，那还有什么好过的？温柔也没有目的。性所拥有的让人感到轻松或突然满足的生理目的，温柔并没有。它没有任何目的，除了享受温暖、愉悦和关爱他人的感觉。

所以我们不鼓励温柔。当人们（尤其是男人）表现出温柔时会感到不舒服。此外，人们试图否认性别差异，企图使男人和女人尽可能相似，这恰恰阻碍了女性尽其所能地表现出她们的温柔，那种女性化的温柔。

在此我回到一开始的观点，即两性之间的斗争还未结束。美国妇女已经取得了相当程度的平等。这种平等还不彻底，却比过去强得多。然而妇女仍须捍卫已取得的成就。因此她们迫切需要证明，哪怕她们与男人迥然不同也有权享有平等。因此她们压抑了温柔的冲动。结果就是男人们怀念温柔，作为替代，他们觉得应该享有钦佩，他们的自尊应该得到认可。他们因此处于持续依赖和恐惧的状态，而女人们则十分沮丧，因为她们无法完全自由地发挥自己的性别角色。

这当然是过度夸张的描绘，因此如果你说事实并不总是如此，说我这样讲不公平，我完全同意你的看法。但说到底，若要进行概括总结，暂时的夸张是不可避免的。

综上所述，关于男女之间的关系我想再次强调，要想了解男女之间的差异，就必须把它忘掉。人们应该允许自己更充分、更自发地活着，作为一个人，而不是老想着问自己：我是不是够男人或够女人？我是否符合文化规定的性别角色？我在自己的性别角色中成功吗？只有当一个人忘掉这些问题，存在于两性之间以及每个人内在的深刻两极性才会转化为生产力。

第三章　性别与性欲

8. 性欲与性格

弗洛伊德的性理论首次发表于本世纪初，对那一代人的传统观念形成了挑战，因为那代人仍然对维多利亚时代的性禁忌抱有坚定信念。弗洛伊德阐明，对性的污名化会导致内疚感，这是引发神经症的原因。此外他还证明，偏离所谓的正常性行为并不是罕见的怪异，而是从婴儿期到青春期正常性发育的一部分，成年人的性反常是早期性模式的残余，应该被理解为神经症状，而不应在道德上被谴责为恶习。

鉴于弗洛伊德和他的学派将性欲置于心理学理论的中心，非常令人惊讶的是，在金赛（Kinsey）1948 年出版性学报告之前，精神分析学家们并没有对性行为展开过广泛调查。金赛的报告按道理会受到所有精神分析学家的热烈欢迎，因为这份基于事实的报告支持了心理分析学观点的总体趋向，尽管只涉及外显的行为而非无意识动机和性格问题。然而，与这一预期截然相反，《金赛报告》遭到了一些精神分析学家（我希望只是少数）的不友好批评。例如有一种批评甚至断言，金赛不可能在如此短的时间内发掘出如此丰富的数据，因为心理分析师们哪怕通过多次面谈也很难收集关于一个人的对比数据。事实上，这种论调总会被用在一个比前辈更成功的研究者身上，但这显然不是正当的批评。

在从精神分析师的角度来审视《金赛报告》的意义时，我们必须首先考虑不同精神分析学派关于性在人类行为中作用的理论差异。弗洛伊德和他的追随者们认为人类行为的能量主要来源于性。他们做出的假设是，力比多的正常发展会受到环境因素的抑制或扭曲，特别是在幼儿时期，而成年人的行为、性格特点则植根于其性欲和性目标的特性。一个人性生活的特点被认为是其整个人格的范本。

施虐狂冲动就是一个很能说明问题的例子。弗洛伊德认为施虐狂冲动是儿童发育某个时期内性冲动的一部分。只要儿童性发育的这一早期阶段在性生活中继续占据主导地位，那么作为成年人，他要么发展出性倒错式的施虐癖，要么形成一种性格结构，对征服、支配和贬低周围的男人拥有最高欲望。

另一个例子是“口欲”。弗洛伊德认为，在性冲动聚焦于生殖器之前，它会以更发散的方式在身体其他区域中寻求表达。在这种观点中，婴儿的特点是其主要的力比多快感存在于嘴及其吃喝功能。如果这一阶段的性组织结构固定下来，成人的行为将仍被这种潜在的口欲支配。这样的人将倾向于“被他人喂养”和资助，依赖他人，想要得到照顾，并且基本上保持被动状态。

弗洛伊德的假设是，一个人对他人的态度是其人格中占主导地位的性冲动的升华（或“反作用形成物”），正是这种特殊的性调节机制决定了一个人的情绪调节机制和人际关系发展。

弗洛伊德试图将他的性格学和力比多理论相结合来解释性格

特征的动态本质。19世纪晚期自然科学中盛行的唯物主义思想认为，能量是实体性而非关系性的概念。与这种思想相一致，弗洛伊德认为性驱力是性格形成的能量来源。通过一系列复杂而精彩的假设，他将不同的性格特征解释为各种性驱力形式的“升华”或“反作用形成物”。他将性格特征的动态本质阐释为其力比多来源的表达。

与强调动态相互关系的自然科学发展并行的是，精神分析理论的发展引发了一个新的概念，它建立在人与他人、人与自然以及人与自己的关系之上，摒弃了原先关于孤立个体，即“心理人”的旧概念。H. S. 沙利文（H. S. Sullivan）将精神分析定义为“人际关系研究”，同时充分阐述了这一新概念（参见H. S. 沙利文1940年和1945年著作）。人际关系被认为是性冲动的决定因素，而弗洛伊德却认为人际关系是不同形式的性欲的结果。这种观点认为不是性行为决定性格，而是性格决定性行为。

几个例子或许有助于理解这一“关系”概念。如果一个人性格中的显著特征是操纵他人，将他人当作“物”来利用以达到自己的目的，那么他的性态度将与这种性格特征相一致。［参见我对“营销型人格导向”的描述（Fromm，1947a）］这样的人将他人体验为满足自身性需求的手段，他的原则充其量是“公平办事”，即一种交换关系，双方的付出都不超过所得。在这种性格取向中，性关系被体验为公平交换，而非亲密关系和爱。

有威权主义性格的人与他人关系的决定性因素是他对权力与支配的希冀，他的性态度也表现出同样的特征，即从完全无视性伴侣到以施加身体或情感痛苦为乐。另一方面，对于一个屈从的人，受虐倾向使其受苦以及被支配，这种性格特征决定了他的性行为，常常导致性无能与性冷淡。

刚刚讨论的性格取向表明了性反常是如何植根于一个人的性格结构之中的。“购买爱”、施虐及受虐性倒错是由一个人性格中的主导特征决定的，正如性幸福的基础是一个人爱的能力。一个具有生产性的人能够将自己与另一个人相联系，这种联系不是在“购买”、征服或击败的意义上，而是在平等和互相尊重的意义上。对于这样的人，性欲是爱的表达和实现。

性行为由性格决定的事实与性本能本身根植于我们身体的化学反应这一事实并不冲突。这一本能是所有性行为形式的根基，但满足本能的特殊方式而非性本能本身才是由性格结构决定的，是由人与世界相关联的特殊类型决定的。

事实上，性行为为理解一个人的性格提供了最清晰的线索之一。与几乎所有其他活动相比，性活动就其本质而言是私密的，因此没那么模式化，更多的是个人独特性的表达。此外，性欲的强烈程度使性行为较少受人为控制。

因此，虽然弗洛伊德对性行为和性格之间关系的描述依然有效，但我们的解释是不同的。正如在思想史上经常发生的那样，理论洞见的发展并不在于对旧理论的否定，而在于对它的重新阐释。在我们看来，对于一个人的性格结构而言，性行为不是其原因，而是其结果。因此，《金赛报告》因其大量关于性行为的数据，对社会心理学研究——尤其是性格研究来说——是一个非常宝贵的信息来源。

几个世纪以来，性欲一直被污名化为道德败坏，至多由于婚姻圣礼而得到认可，从而被认为在道德上无所谓好坏。任何不以生育为目的的性活动——尤其是所有性倒错——都被认为在道德上是邪恶的。这种态度背后的普遍假设是，人的肉体是腐败之源，只有通过压抑本能需求才能达到良善。

自本世纪初以来，在弗洛伊德和哈夫洛克·埃利斯（Havelock Ellis）等人著作的激励下，一场背离这些道德观念的反叛运动发展起来。弗洛伊德指出，性压抑常常导致神经症的发展。他指责这种文化为了满足清教的道德要求而牺牲了精神健康。但似乎性禁忌的另一个结果也同样重要：每个人内心强烈的负罪感。因为每个正常人从童年起就有性冲动，若被文化污名化为邪恶的，那么这些性冲动必定会成为负罪感的不竭之源。负罪感使一个人易于向权威屈服，这些权威想利用、压制个人来达到自己的目的。事实上，成熟和幸福与无处不在的负罪感相互冲突。

对性的污名化还导致了另一个极其不良的后果：伦理道德被化约至性行为这一小块领域，因此人类行为中真正重要的伦理问题被遮蔽了。道德几乎与性道德和性美德等同，与服从文化所设定的性禁忌等同。如此一来，决定性的伦理问题，即人与其周遭的人的关系问题，就被忽视了。爱的缺乏、冷漠、嫉妒和权力欲与对性习俗的尊重相比，被认为是不那么重要的伦理问题。人的“肉体”是邪恶之源这一观点掩盖了真正的伦理议题。但纵观人类历史，不难看出，对社会和个人的和平与幸福构成威胁的人类特征不是根植于我们生理结构的性激情或其他欲望，而是非理性的“精神”激情，如仇恨、嫉妒和野心。事实上，包括性在内的所有肉体本能欲望，即使在倒错和变态的情况下也是无害的，与刚才提到的那些非理性激情所造成的伤害相比，并不会对人类的福祉构成威胁。

尽管对性压抑的反抗是一种健康和具有进步意义的发展，但它走向了相反的极端。它得出了同样站不住脚的见解，坚持认为不能对性行为进行任何伦理评估。

然而，如果伦理的主题是我们对周围人的行为和情感，那么性行为作为人与他人关系的最重要表达之一，怎么可能被排除在伦理判断领域之外呢？如果我们相信爱、尊重以及对他人的责任是基本的伦理价值，那么就必须依照这些价值对性行为进行判断。鉴于性满足的特定形式植根于一个人的性格，也就可以与任何其他在性格学上有重大意义的行为一样接受判断。

关于性行为和真正的伦理问题之间的联系，一个例子就是最古老并普遍存在的性禁忌，即乱伦禁忌，我们可以看到它以各种形式存在于所有原始文化和我们自己的文化中。但即使在今天，禁止乱伦仍然保留着它的禁忌性质，未与性格和理性伦理问题联系起来。假如真像大多数人设想的那样，乱伦是一种罕见的变态行为，几乎与我们自己的文化无关，那就没有必要讨论这个问题了。然而，虽然亲属间以性欲的原始形式发生的乱伦确实比较罕见，但如果我们理解了乱伦欲望是如何根植于我们的性格之中，它就无疑成了一个非常尖锐的问题。

乱伦之爱在这里可以理解为一种象征。它象征着没有能力去爱“陌生人”，即与我们不“熟悉”、没有血缘和没有早期亲密关系的人。仇外心理是其补充，即对“陌生人”的仇恨和不信任。与成熟的独立状态截然相反，乱伦象征着子宫的温暖和安全，象征着对脐带联结的依赖。只有当一个人能够去爱“陌生人”，能够认识到另一个人的本质之核并将自己与之联结时，才能体验到自己是一个人；而只有当他能够体验到自己是一个人类个体时，才会爱上“陌生人”。我们已经克服了狭义上的乱伦，即家庭成员之间的性关系，但我们仍然在性格学意义上而非性的意义上实施着乱伦，因为我们无法爱上“陌生人”——一个有着不同社会背景的人。种族和民族偏见是当代文化中乱伦因素的症状。只有当我们中的每一个人不仅能在思想上，而且能够在情感和行动上接受陌生人，将其当作我们的兄弟姐妹时，我们才能克服乱伦。

乱伦问题足以作为例证，说明我想说的关于伦理和性欲之间的关系这一普遍问题。在此，正如许多关于性的其他问题一样，具有伦理意义的不是性本身，而是背后隐含的对他人的基本态度。我们必须着手对性的道德层面进行重新评估。无论是对性欲进行道德谴责还是反其道行之，在性的问题上持完全的伦理相对主义立场，都无法成为有效的指导原则。通过从整体人格角度来理解性行为的心理意义，我们就能认识到性行为必须接受伦理价值评判。

有关性与幸福的问题同我们刚才讨论的伦理问题紧密相连。针对性压抑不仅是美德的基础还是幸福的条件这一假设，与其针锋相对的观点认为，性满足是幸福的首要条件，甚至就等同于幸福。弗洛伊德和他的学派强调性满足是心理健康和幸福的一个条件。今天，人们普遍主张并相信婚姻幸福主要基于性满足，婚姻的不幸也可以通过采用更好的性爱技巧来治愈。然而，事实似乎并不支持这些假设。诚然，许多神经症伴随着性障碍，许多不快乐的人也遭受了性挫折，但若说性满足是心理健康和幸福的原因或与之等同，这并非事实。精神分析学家们常常看到，有些患者的爱的能力受到损害，因此无法亲近他人，但他们在性爱方面发挥良好，并实际上将性满足作为爱的替代品，因为性能力是他们唯一有信心的能力。他们在生活的所有其他领域都无法具有生产性，由此导致的不幸被他们的性活动所抵消和掩盖。性欲的意义及满足只能依据性格结构来决定。性欲既可以是恐惧、虚荣或支配欲的表达，也可以是爱的表达。性满足是否有助于人们获得幸福，这完全取决于它在整体性格结构中的作用。

关于性满足和幸福之间关系问题的讨论，即使以本文之粗略也必须关注有关幸福概念的基本争议。一种观点认为幸福必须完全从主观上定义。在这种观点中，幸福等同于满足一个人可能拥有的任何欲望。幸福被看作品位和偏好的问题，与特定欲望的性质无关。与这种今天在大众头脑中盛行的相对主义立场相反，从柏拉图和亚里士多德到斯宾诺莎和杜威，人文主义哲学传统的立场强调，幸福虽不等同于服从外部权威制定的规范，但也不是"相对的"，需要受制于人的本性所生发的规范。幸福标志着人们已经找到了人的存在问题的答案：对自身潜力的生产性实现，从而在与世界融为一体的同时保持自我的完整。在生产性地花费自己的精力的过程中，人增加了自己的力量，燃烧着却不会被消耗。

"生活这门艺术中的卓越性，以及人文主义伦理意义上的美

德，其评价标准都是幸福。”（Fromm，1947a，S. 189）

认为幸福仅仅来自性满足而非我们爱的能力，这一假设倾向于掩饰和遮蔽幸福议题，与维多利亚时代对性满足抱有偏见如出一辙。在这两种情况下，性都被从整个人格中孤立出来，被认为其本身是善的或者恶的，然而它只能在整个性格结构的背景下进行评估。仅仅否定维多利亚时代的道德准则只能是徒劳的。

“幸福不是美德的回报，而是美德本身；我们也不是因为抑制了欲望而能享受幸福；与之相反，正是因为我们享受幸福，所以我们能够抑制欲望。”①

如果我们相信性行为对理解性格的重要性，就必须认识到《金赛报告》对研究“社会性格”的重要性。我所说的“社会性格”指的是一种文化当中绝大多数成员共同拥有的核心性格，而非同一文化中人与人彼此不同的个人性格。一个社会并非外在于构成它的个体，而是这些个体的总和。在其大多数成员当中运作的情感力量会变成社会进程中的强大动力，能够稳定、改变或者破坏社会进程。

社会性格研究是“人格与文化”问题的主要论题，已成为当代社会科学的一个关注点。不幸的是，这一领域迄今为止进展缓慢。研究者过度依赖收集有关人们想法的数据（或人们自认为应该有何想法的数据），而不是研究他们思考背后的情感力量。虽然民意调查对某些目的有重要意义，但我们需要了解得更多；它们作为工具并不能帮助我们理解在意见表层下面运作的力量。只

① 引自斯宾诺莎的《伦理学》。

有当我们了解了这些力量，才能够预测一个社会的成员在危急情况下会如何对他们所声称相信的观念和他们目前拒绝接受的新意识形态做出反应。从社会动力学角度来看，每一种观点的价值都不会超出它所根植的情感矩阵。

但我们还远未对社会性格图景有一个总体把握，甚至没有对最紧迫的具体问题进行研究。例如，对我们文化中人们的幸福感，我们了解多少？诚然，很多人会在民意调查中回答说他们很幸福，因为这是一个有自尊的公民应有的感觉。但对我们文化中真正的幸福或不幸的程度，任何人都只能猜测。可正是这类信息可以解答我们的制度是否达到了其设计目的——最多数成员的最大程度幸福。又或者，据我们所知，在多大程度上、什么样的伦理考量（而非仅仅惧怕反对或惩罚）影响着现代人的行为？我们耗费了巨大的精力和金钱来增加伦理动力的分量，但除了可怜的猜测，对这些努力是否成功我们几乎一无所知。

抑或再举一个例子——对我们文化中普通人的破坏程度和强度，我们知道多少？无可否认，我们对和平与民主发展的希望主要取决于普通人不具有强烈破坏性这一假设，但我们并没有采取行动来弄清事实。认为大多数人在根本上具有破坏性，这种观点与相反的观点一样都未经证实。迄今为止，社会科学家在阐明这一关键问题方面做得很少。

忽视对关于性格和文化的基本问题的研究，其原因主要在于大多数社会心理学家的态度。他们认为，只有那些能被精确量化分析的现象才值得研究，否则根本不必研究。他们试图模仿自然科学中的成功方法，并对所谓的科学方法趋之若鹜。他们没有设计出合适的新方法来研究自己领域里的重大问题，即有关人和生命过程的问题，反而选择那些符合实验室方法要求的问题来进行研究。他们对问题的选择由方法决定，而非方法由问题决定。

金赛的调查必定会给社会科学家们带来启发，原因有二：(1) 其数据揭示了行为的一个方面，因此如果进行正确的阐释，也会揭示社会性格；(2) 金赛已成功地在一个被认为无法进入的领域中找出了相关数据。虽然研究社会性格的方法必然不同于金赛为研究性行为而合理使用的定量统计方法，但设计和应用适当方法来进行社会性格学研究，其困难并非不可逾越。如果社会心理学家们以金赛和他的合作者在工作中所展现出的同样的勇气和精力来解决问题，那么对大众行为背后力量的实证调查研究将产出显著的成果。

第四章　社会性格与爱

9. 自私与自爱

现代文化充斥着对自私的忌讳。它教导我们自私是罪恶，爱他人是美德。可以肯定的是，这一信条不仅公然与现代社会的惯常做法相矛盾，还与另一套理论相对立。这套理论认为，人类最有力、最正当的驱力是自私，每个人只要遵循这一急切的驱力，就能同时为共同利益做出最大贡献。后一种意识形态的存在并未减少那些宣称自私是邪恶之首、爱他人是主要美德的学说的分量。这些意识形态普遍把自私或多或少当成了自爱的同义词。人们面临的选择要么是爱他人，这被认为是一种美德；要么是爱自己，而这是罪恶。

这一原则在加尔文的神学中找到了经典表达。人在本质上是糟糕、无力的。若要依靠自己的力量和优点，人什么好事也做不了，这是绝对的。“我们无法为自己做主，”加尔文在他的《基督教要义》（Calvin，1928，Book 3，S. 619）中说，“因此无论我们的理性还是意志都不应在我们的思虑与行动中占主导。我们无法为自己做主，因此不要误以为我们的目的是依据肉身所需来寻求权宜之计。我们无法为自己做主，因此让我们尽可能忘掉自己以及属于自己的一切。与之相反，我们是属于上帝的，因此让我们为了他而生存和死亡。因为，正如听从自己会像破坏性最强的瘟疫般将人摧毁，人们唯一能够得到救赎的避难所就是接受走在我们前方的上帝的指引，而非依靠自己去了解或希望得到任何东西。”

人不仅应该坚信自己的绝对虚无，还应尽可能使自己谦卑。加尔文说：“如果你认为自己还留有任何东西，就不能被称作谦卑……我们不应理所当然地认为自己有任何优秀之处，有这样的想法绝对是可鄙的。谦卑是心灵深感自身的穷困与贫乏，并在这种重压下诚心实意地臣服，因为上帝就是这样用言语描述它的。”

这样强调个人的虚无与邪恶，意味着一个人没有理由喜欢自己。这种信条根植于对自身的鄙视与仇恨。加尔文明确地表达了这一观点，他像谈论“害虫”那般论及“自爱”。（同上，S. 622）

要是一个人在自己身上发现了某些长处，“并因此沾沾自喜”，他就暴露了罪恶的自爱。这种对自己的喜爱会导致他对别人评头论足并鄙视他们。因此，喜欢自己，喜欢自己身上的任何优点，这是可以想象的最深重罪孽之一。它排除了对他人的爱，等同于自私。

加尔文的神学与康德的哲学有着根本不同，但二者对自爱这一问题的基本态度是相同的。对康德而言，希望他人幸福是一种美德，而希望自己幸福在伦理上是“平庸的”，因为这是人性必然会争取的，而天性使然的追求不具备积极的伦理价值。（参见 Kant，1909，Part I，S. 126）康德承认，一个人不能放弃自己追寻幸福的权利，在一定条件下，关心自身幸福甚至是一种义务，部分因为健康、财富等是一个人履行义务的必要手段，还有一部分因为幸福的缺乏（如贫困）会诱使一个人逃避履行义务。（同上，Part I, S. 186）但爱自己、争取个人幸福绝不可能成为美德。作为一项伦理原则，争取个人幸福“是最让人反感的，不仅因为它是虚假的，还因为它的道德源泉实际上会削弱道德，摧毁道德的崇高性……”［同上，《道德形而上学原理》（*Fundamental Principles of the Metaphysics of Morals*；second section，S. 61）］康德区分了利己主义、自爱、自我关爱（对自己的仁慈）以及自傲（沾沾自喜）。“理性的自爱”必须接受伦理原则的约束，沾沾自喜必须压制，道德法则神圣不可侵犯，在其面前个人要有谦卑感。（同上，Part I，S. 165）个人必须以履行义务为最高幸福。道德原则的实现，以及由此而来的个人幸福的实现，仅对全体、对民族、对国家而言才是可能的。但“国家的福祉——*salus rei publicae suprema lex est*①——并不等同于其公民的福祉和幸福。”

尽管与加尔文和路德相比，康德对个人的正直表现出更大的敬意，但他还是说哪怕在最暴虐的政府之下，个人也无权进行反叛，若他对君主构成威胁就必须接受不轻于死刑的惩罚。（Kant，1907，S. 126）康德强调人性中固有的邪恶倾向（Kant，1934，Book I），必须用道德法则这种绝对律令加以压制，以免人变成野兽、人类社会陷入疯狂的无政府状态。

在讨论加尔文和康德的体系时，我们突出了他们对人的虚无的强调。然而，正如已经提到的，他们也强调了个人的独立自主和尊严，这种对立贯穿于他们的写作之中。在启蒙时期的哲学

① 拉丁文，意为“国家福祉是最高法”。——译者

中，其他哲学家比康德更加强调个人的权利和幸福，比如爱尔维修。在现代哲学中，这一趋势在施蒂纳（Max Stirner）和尼采那里得到了淋漓尽致的表达。即使不一定是本意，从他们对这一问题的表述方式中可看出，他们与加尔文和康德的基本前提是相同的：爱他人和爱自己，二者非此即彼。不同的是，施蒂纳和尼采把爱他人谴责为软弱以及自我牺牲，把自我中心、自私自利和自爱假定为美德。他们同样没有将这些现象厘清，同样混淆了这一问题。施蒂纳是如此说的：“这里必须由自我中心和自私自利来做决定，而非爱的原则，也不是诸如仁慈、温柔、善良甚或正义和公平之类的爱的动机，因为正义（iustitia）也是一种爱的现象、爱的产品，而爱只知道牺牲且要求自我牺牲。”（Stirner，1912，S. 339）

施蒂纳谴责的这种爱是一种受虐狂式的依赖，它把一个人变成了手段，为的是实现他人的目的或获取身外之物。他这样去理解爱，就难免不在表述中把冷酷无情的自我中心假定为目标。因此，这种表述是极富争议、言过其实的。施蒂纳的实证主义原则针对的是贯穿基督教神学数个世纪的一种态度，这在与他同时代的德国观念论中也同样盛行，那就是使个人屈从于外在的力量或原则并以其为中心。诚然，施蒂纳的哲学地位无法与康德和黑格尔比肩，但他却有勇气以激进的姿态反抗观念论哲学中否定具体个人、帮助极权国家掌握权力对个人实施压迫的那一面。尽管在深度和广度上无法将两位哲学家相提并论，但尼采的态度在很多方面与施蒂纳相似。尼采也把爱和利他主义斥责为软弱和自我否定的表现。对尼采而言，寻爱是典型的奴隶行为，这些人不会奋力争取他们想要的东西，所以只有努力通过“爱”来获取。因此利他主义和对人类的爱是退化的标志。（参见 Nietzsche，1910，stanzas 246，362，369，373 & 728）在他看来，一个健康、良好的贵族体制的精髓就在于随时准备为了自身利益而牺牲无数人且毫无罪恶感。社会理应是一种“地基和脚手架，使得精英阶层能够将自己提升至更高的职责以及总体上更高的存在”。（Nietzsche，1907，S. 225）还有许多引文可以用来表明这种施虐、轻蔑和残暴的利己主义精神。尼采的这一面常被理解为尼采的哲学。这是真的吗？这是“真正的”尼采吗？

要回答这个问题，必须对他的著作进行细致的分析，这在此是不可能的。多种原因导致尼采以上述方式表达自己的观点。首先，与施蒂纳一样，他的哲学是一种反叛，反抗的是使经验的个人屈从于外在力量和原则的哲学传统。他著作中夸大其辞的倾向就是这种反抗品质的体现。第二，尼采的性格中有极大的不安和焦虑，这些特质解释了他何以有施虐倾向并因此做出了那些表述。但在我看来，尼采的这些倾向并不是他人格的本质，由此产生的这些观点也不是他哲学的本质。最后，尼采接受了同时代的一些自然主义观点，它们在生物唯物主义哲学中得以阐发，这种哲学的特点是强调心理现象的生理根基以及“适者生存”等概念。这样的阐释并没有抹除一个事实，那就是尼采同样认为爱他人和爱自己之间存在矛盾。但重要的是要注意到，尼采的观点中蕴含着一个核心，其发展能够克服这种错误的二分。他抨击的那种“爱”不是根植于一个人自身的力量，而是根植于一个人自身的软弱。“你们对邻人的爱是一种对自己糟糕的爱。你们从自身逃向你们的邻人，并欣然以此为美德。但我看透了你们的‘无私’。”他说得很明白：“你们难以忍受自己，你们不够爱自己。”(Nietzsche, S. a., 75) 个人对尼采而言有着“极为重大的意义”。(Nietzsche, 1910, stanza 785) “强大的”个人有着“真正的善意、高贵和伟大的灵魂，不会为了索取而给予，不会为了杰出而行善——‘浪费’是一种真正的善意，个人的财富是一个前提。”(同上，stanza 935)

他在《查拉图斯特拉如是说》里也表达了同样的观点：“一个人因为寻找自己而走向邻人，另一个人因为想要失去自己而这么做。”(Nietzsche, S. a., 76)

这些观点的本质是：爱是一种丰裕的现象，其前提是一个人有力量，能够去给予。爱是肯定，“它寻求创造所爱!”(同上，102) 去爱另一个人，只有当其源自这样的内在力量时才是美德，如果它是本质上无法做自己的无能表现，那这种爱就是可憎的。(参见 Nietzsche, 1910, stanza 820; Nietzsche, 1911, stanza 35; Nietzsche, 1991a stanza 2; Nietzsche, *Nachlaß*, 63-64)

然而事实仍然是，尼采让爱自己和爱他人之间的关系问题停留在悬而未决的矛盾状态，即使人们通过阐释能够推测他本可以在什么方向上找到解决方案。[比较 Max Horkheimer (1936) 的重要论文，它探讨了现代史中的利己主义问题。]

自私是人们应当避免的首要的恶，爱自己就无法爱他人，这样的信条绝不仅仅限于神学和哲学领域。它是目前家庭、学校、教堂、电影、文学以及所有其他社会思想塑造工具的惯用模式之一。一代又一代，“不要自私”这句话被铭刻在千百万儿童的头脑当中。很难定义这句话的精确意义。大多数家长有意识地把它与不利己、体谅以及顾及他人这样的意思联系起来。事实上，他们通常更有深意。“不要自私”意味着不去做自己希望做的事，放弃自己的意愿以遵从那些权威人士，即自己的父母，以及后来的社会权威。归根结底，“不要自私”有着我们在加尔文主义中看到的同样的含混。除了显而易见的含义，它还意味着“不要爱你自己”，“不要做你自己”，要使你的人生顺从于比你自己更重要的东西，无论是外在的权力还是将这个权力内化而成的“义务”。在压制自发性以及个性的自然发展方面，“不要自私”成了最有力的意识形态武器之一。在这个口号的压力下，人们被要求做出各种牺牲，做到完全顺从：只有当目标并非服务于个人自己而是服务于外在于自己的他人或他物时，才是“无私的”。

必须重申，这幅图景在一定意义上是片面的。除了告诫人不能自私的教条外，与之对立的教条也在现代社会得到大肆宣扬：关注你的自身利益，按最有利于你的方式行事，这样做的同时，你也将会给其他所有人带来最大利益。事实上，一种思想认为追求个人自身利益是社会整体福利发展的基础，这一思想是竞争激烈的资本主义得以建立的基本原则。在一个文化当中同时传授这样两个看似矛盾的原则似乎很奇怪。但事实如此，毋庸置疑。不同意识形态的这一对立导致的结果必然是个人的困惑不安，被困在两种教条之间遭到拉扯，对人格的整合过程构成严重阻碍，常常导致神经官能症性格的形成。[Horney（1937）和 Lynd（1939）对这一观点有过着重论述。]

应该看到，这对互相矛盾的教条有一个重要的社会功能。每个人都应当追求个人利益，此教条是个人积极性的必要激励，在此基础上现代经济结构得以建立。“不要自私”这一教条的社会功能较为含混。对于仅能够生活在温饱线上的广大平民百姓来说，他们的愿望在现有社会经济体系下难以实现，这一教条能在很大程度上使他们认命。重要的是这种认命不能被认为是由外部压力引起的，否则势必或多或少导致他们对社会有意识的怨恨和违抗。通过把认命变为道德上的美德，就能在很大程度上避免这样的抗拒。自私禁忌在这一方面的社会功能显而易见，作用于少数特权人群的另一方面的功能就显得稍许复杂。我们只有进一步思考“自私”的含义才能使它变得明晰。如果自私指的是关心自己的经济利益，自私禁忌当然就会严重削弱商人们从事经济活动的积极性。但正如之前就指出过的，它实际上意味着不要做你想做的事、不要享乐、不要把金钱和精力花在娱乐上，而要感到工作、成功、富有才是你的义务，这在英美文化发展早期尤其如此。

马克斯·韦伯的伟大功绩在于阐明，被他称作“内在禁欲主义”的原则是一个重要条件，它创造了一种态度：所有的精力都可用于工作和履行职责。（参阅 Weber，1930）若非这种禁欲主义将所有精力导向勤俭节约和不懈工作，现代社会的巨大经济成就是不可能的。对出现于 16 世纪的现代人进行性格结构分析将超出本文的范围。一言以蔽之，15 和 16 世纪的经济和社会变革摧毁了中世纪社会成员特有的安全感和“归属感”。城市中产阶级、农民和贵族阶层的社会经济地位在根本上受到动摇（参阅 Pascal，1933；Kraus，1930；Tawney，1926），出现了贫困化、对传统经济地位的威胁以及取得经济成功的新机遇。那些为个人建构一个完满而稳固世界的宗教和精神纽带已经断裂。个人发现自己在世界上孑然一身，天堂永久地失落了，人的成败由市场法则决定，与其他人的基本关系变成了无情的竞争。这一切的结果是一种崭新的自由感，但随之而来的是愈演愈烈的焦虑。这种焦虑反过来使人重新甘愿屈从于宗教和世俗权威，而这些权威甚至比之前的那些更为严厉。

一边是新的个人主义，另一边是焦虑和对权威的服从，两者都在新教和加尔文主义中找到了意识形态表达。与此同时，这类宗教教义在很大程度上刺激和助长了这些新态度。然而比屈从于外部权威更重要的是，权威被内化了，人成了其内在主人而非某个外在主人的奴隶。此内在主人驱使着个人不知疲倦地工作，努力追求成功，从不允许他做自己、让自己开心。个人因此怀有不信任和敌对的精神，不仅仅针对外部世界，也针对他自身。

这样的现代人在两种意义上是自私的：他对别人漠不关心，同时为自己的优势地位担心忧虑。但这种自私真的是把自己当作一个有着各种智力和感官潜能的个人来关心吗？难道“他”没有成为其社会经济角色的附庸，成为经济机器中的一个齿轮，即使有时是一个重要的齿轮？难道他不是这台机器的奴隶，即使他主观上觉得自己似乎是在服从自己的命令？他的自私到底等同于自爱，抑或正相反，恰恰源于自爱的缺乏？

我们必须暂缓回答这些问题，因为还需要对现代社会中的自私信条作简要调查。自私作为禁忌在专制体系中被强调。国家社会主义的意识形态基石之一是“公共利益高于私人利益”

（“Gemeinnutz geht vor Eigenutz”①）的原则。依据国家社会主义的最初宣传技巧，该思想的措辞旨在让工人相信纳粹计划之中“社会主义”的部分。然而，若我们在整个纳粹哲学的背景下思考它的含义，它意味着个人不应为了自己而想要任何东西，他的满足感应源于自己个性的消除，源于作为一粒微尘参与到伟大的整体之中，如种族、国家或其象征——领袖。新教和加尔文主义即便强调个人的虚无，但同时也强调个人的自由和责任，但纳粹主义本质上聚焦于个人的虚无。只有“天生”的领导者才是例外，甚至他们也应觉得自己是等级制中位置更高者的工具，而最高领袖是天命的工具。

把爱自己等同于“自私”，认为爱自己就无法爱他人，这一信条已经渗透到神学、哲学和日常生活中，同样的学说若在科学心理学中无法找到就太惊人了，但在这一领域它号称是对事实的客观陈述。弗洛伊德的自恋理论就是一个很好的例子。简而言之，他说人有一定量的力比多。最初在婴儿身上，所有这些力比多都以孩子自身为目标，这是原发自恋。后来，力比多从自身转向其他客体。如果一个人在他的“客体关系”中受阻，力比多就会从客体撤回到自己身上，这是继发自恋。依据弗洛伊德的说法，在自我之爱和客体之爱之间有一种几乎机械的二者必择其一的关系。

我对外界的爱越多，对自己的爱就越少，反之亦然。由此，弗洛伊德把坠入爱河的现象描述为自爱的枯竭，因为所有的爱都

① 德语，纳粹口号。——译者

投向了外在于自身的客体。弗洛伊德的自恋理论所表达的基本思想同样贯穿于新教、观念论哲学以及现代文化日常模式之中。这本身并不表示他正确与否。然而，从普遍原则到经验心理学范畴的转化为我们检验这一原则提供了良好的基础。

于是出现了如下问题：心理学观察是否支持这样一个论点，即爱自己和爱他人之间存在着基本矛盾和非此即彼的状态？爱自己和自私是同一种现象吗？它们是否存在差异，抑或它们实际上相互对立？

在开始讨论这个问题的实证方面之前，我们或许会注意到，从哲学的角度看，爱他人和爱自己互相矛盾的这一观点是站不住脚的。如果把邻居当作人类一员来爱是一种美德，我为什么不能也爱自己呢？宣称爱人类却忌讳爱自己，这样的原则将我排除在人类之外。然而，最深刻的人类存在体验是关于自己的体验。如果不把自己包括进去，就不存在人类团结。就是这一事实证明了这种排己性学说的客观虚伪性。

我们来到了本文结论所依据的心理学前提。大体而言，这些前提为：不仅他人，我们自己也是自身感情和态度的“客体”；对他人和对自己的态度远非互相矛盾，反而基本上是并行不悖的。（Horney，1939，Ch. 5&7）对于正在讨论的问题，这意味着爱他人与爱自己不是二者必择其一的关系。同样，恨他人与恨自己也不是互为替代的。与之相反，爱自己的态度会在那些至少有能力去爱别人的人身上找到。恨自己与恨他人密不可分，即使表面上看起来恰恰相反。换句话说，就“客体”与自我的差异而言，爱与恨原则上都是不可分割的。

为了澄清这一论点，有必要讨论恨与爱的问题。关于仇恨，我们可以区分“反应性仇恨”和“性格因素仇恨”。所谓反应性仇恨，本质上是指当生命、安全、理想或所爱和认同之人遭到攻击时的仇恨反应，其前提是一个人对自己的生活、对他人以及对理想持积极态度。如果对生活持强烈肯定的态度，当生活遭到攻击时，势必会激发强烈的仇恨。爱若存在，当所爱之人受到攻击，必然激起仇恨。凡是为之热情奋斗的东西，一旦遭受攻击，必会引起仇恨。这样的仇恨与生活形成对比。它由特定的情况引起，其目的是摧毁攻击者，并且原则上终结于攻击者被击败的时刻。[尼采（Nietzsche，1911a，stanza 2）强调了破坏所拥有的创造性功能。]

性格因素仇恨则不同。可以肯定的是，植根于性格结构中的仇恨曾经是个人对某些童年经历的被动反应；接着它变成这个人的性格特征，使他充满敌意。即使没有表现为明显的仇恨，他的基础敌意也是观察得到的。他的面部表情、手势、语调、玩笑以及微小的无意识反应之中有某些东西给观察者留下了印象，指示出根本的敌意——也可被描述为持续的仇恨准备状态。如若被特定的刺激引发，它就是反应性仇恨产生的基础。这种仇恨反应可以完全合情合理，正如事实上人们会把一些情况描述为易于引发反应性仇恨。然而，二者有一个根本区别。在反应性仇恨的情况下，造成仇恨的是外部形势。在性格因素仇恨的情况下，“闲置的”敌意由具体形势来实现。在基础仇恨被激发的情况下，当事人似乎有一种解脱的感觉，仿佛很高兴找到了合理的机会来表达他挥之不去的敌意。他在仇恨中表现出一种特殊的满足和愉悦，这本质上在反应性仇恨的情况中并不存在。

在仇恨反应和外部情况之间成比例的情况下，我们说它是“正常”反应，即使它是性格因素仇恨的现实化。从这种正常反应到在神经质或精神病患者身上发现的“非理性”反应，其间有无数的过渡，无法划定清晰的界限。在非理性仇恨反应中，情绪似乎与实际情况不成比例。让我以精神分析学家有机会充分观察到的一种反应为例来说明：由于分析师被耽搁了，分析对象必须等待十分钟。分析对象走进房间，因分析师对他的冒犯怒不可遏。在精神病患者中可以更清晰地观察到极端病例，在他们身上，这种不成比例更加突出。从现实角度来看毫无冒犯的东西会激发精神病患的仇恨。然而，从他自身感觉的角度来看，那就是冒犯性的。因此非理性反应仅从外部客观现实的角度来看是非理性的，而非从当事人的主观前提来看。

这种挥之不去的敌意也可以通过社会暗示，即宣传鼓吹，来被有意激发并转化为显而易见的仇恨。这种宣传如果想要有效地向人们灌输对某些对象的仇恨，它必须建立在目标人群成员人格结构中的性格因素敌意之上。一个很好的例子就是纳粹主义对中下阶层的吸引力，这个人群形成其核心群体。远在纳粹宣传将其现实化之前，潜在的敌意就是这一人群成员特有的生存境况，这就是为什么他们成为这种宣传的肥沃土壤。

心理分析为观察性格结构中仇恨的存在条件提供了充分的机会。

激发性格因素仇恨的决定性因素可以陈述为，以各种方式阻碍和破坏孩子的自发性、自由、情感和身体的舒展及其“自我”

的发展。这样做的方式多种多样，从公开且令人生畏的敌意和恐吓，到细微、“甜蜜”的“匿名权威”——不会公开禁止任何事情，只会说：“知道你会/不会喜欢这个/那个。”

本能冲动的简单受挫不会产生根深蒂固的敌意，它只会产生回应性的仇恨反应。但这是弗洛伊德的假设，且他的俄狄浦斯情结概念就基于此。这意味着，对父亲或母亲的性欲受挫会产生仇恨，进而导致焦虑和顺从。可以肯定的是，挫折感通常表现为一种症状，由确实会导致敌意的事情引发，比如不重视孩子、阻碍孩子的天性发展，以及不允许他自由自在。但真正的问题不在于个别的挫折，而在于孩子为反抗那些要压制他的自由和自发性的力量所作的斗争。争取自由的斗争有多种形式，失败也以多种方式伪装。孩子可能已经准备好将外部权威内化，变成“好孩子”；他/她可能会公然反抗，但仍然具有依赖性；他/她可能会通过完全遵从既定的文化模式而获得“归属感”，却牺牲了个人的自我，导致的结果总是不同程度的内心空虚、虚无感和焦虑，并由此产生长期的仇恨和愤懑，尼采将其精确地描述为对生活的“嫉妒”(Lebensneid)。

然而，仇恨和这种对生活的嫉妒之间存在着细微差别。归根到底，仇恨的目标是摧毁自我之外的客体。通过摧毁他物，我获得了相对的力量，即便在绝对值上并非如此。在对生命的嫉妒中，妒忌的态度也旨在毁灭他人，而并不是获得相对的力量，只是为了阻止别人享受那些我自己因为外部或内部原因无法享受的东西并从中获得满足感。它的目的是消除痛苦，这痛苦根植于自己无力获得幸福，途径是使得没有人能通过他的存在展示我所缺乏的东西。

原则上，同样的因素影响着群体中长期仇恨的发展。总体而言，个人心理学和社会心理学之间的差异仅在于：在个人心理学中，我们寻找导致一个人与群体中其他成员具有不同性格特征的个人状况和偶然条件；在社会心理学中，我们感兴趣的是这个群体中大多数成员所共有的、典型的性格结构。至于条件状况，我们并不寻找偶然的个人境况，比如有一个过于严厉的父亲，或是一个深爱的姐妹突然去世，我们寻找的是构成群体共同经历的生活条件。它并不是指总体生活模式中一种或另一种孤立的特征，而是指基本生活经历的总体结构，这些生活经历本质上受特定群体的社会经济状况制约。（参阅 Fromm，1932a）

孩子被灌输社会“精神”远早于在学校里与之直接接触。父母在自己的性格结构中就代表了这种普遍存在于他们社会和阶层之中的精神，并从孩子出生之日起就将这种氛围传给了他。因此，家庭是社会的“心理代理机构”。

与仇恨差异性问题的相关性到此已经很清楚了。在反应性仇恨的情况下，刺激同时是对象，它构成仇恨的“原因”；在性格因素仇恨的情况下，基本的态度——仇恨的准备状态——与对象无关，在刺激把长期的敌意转化为明显的仇恨之前就已存在。正如已经指出的，在童年时期，这种基础仇恨最初是由某些人带来的，但后来它已成为人格结构的一部分，而对象只起次要作用。因此在这种情况下，外在于我的对象与我的自我之间原则上没有区别。闲置的敌意总是存在，它的外部对象依环境而变，我自己是否成为我敌意的对象之一仅取决于某些因素。如果想了解为什么某个人在一种情况下会被仇恨，为什么我自己在另一种情况中会被憎恨，就必须知道在那种情况下使别人或自己明显成为仇恨对象的具体因素。然而，在此背景下使我们感兴趣的是一般性原则，即性格因素仇恨是从个人身上散发出来的东西，就像探照灯有时聚焦于这个对象，有时聚焦于那个对象，这些对象中包括我自己。

强烈的基础仇恨是我们文化的主要问题之一。本文开头已经展示了加尔文主义和新教是如何将人视为本质上邪恶和可鄙的。路德对起义农民的仇恨异常强烈。

马克斯·韦伯着重指出，清教文学中充斥着对他人的不信任和敌意，不断警告人们绝对不要相信自己同胞的帮助和友善。巴克斯特（Richard Baxter）① 甚至建议人们不要信任自己最亲密的朋友。神学家亚当斯（Th. Adams）说："一个'精明世故'的人，他在任何人的事业上都不盲目，但在自己的事业上最有远见。他把自身限制在自己事务的圈子里，不插手不必要的危机……他看到了世界的虚假，因此学会了永远只信任自己，而不过多相信他人，以免感到失望并蒙受损失。"［由韦伯引自《清教神学家论著》（*Work of the Puritan Divines*），参见 Weber，1930，S. 222］

霍布斯认为人的本性是一种食肉动物，充满敌意，天生会杀戮和劫掠。只有通过所有人达成共识并服从于国家的权威，才有可能缔造和平与秩序。与霍布斯相比，康德对人的本性的看法相

① 巴克斯特（1615—1691），英国清教徒领袖。——译者

差不远，他也认为人的本性有一种根本的邪恶倾向。心理学家中的常见观点是，长期仇恨是人性固有的组成部分。威廉·詹姆斯（William James）认为这种仇恨非常强大，以至于想当然地觉得，我们天生会对与他人的身体接触感到反感。（参阅 James，1893，esp. vol. 2，S. 348）弗洛伊德在他的死亡本能理论中认为，出于生物学原因，我们都被不可抗拒的力量驱使着去摧毁他人或自己。

尽管一些启蒙时期的哲学家认为人性本善，人的敌意是他生活环境的产物，但敌意作为人性固有的组成部分这一假设贯穿了现代主要思想家的观点，从路德一直到我们今天。我们不必讨论这个假设是否成立。无论如何，持有这种信念的哲学家和心理学家对于他们自己文化中的人都是优秀的观察者，尽管他们错误地认为现代人本质上不是历史的产物，而是自然造就的。

虽然大思想家们清楚地看到了现代人强烈的敌意，但流行的意识形态和普通人的信念往往忽视这一现象。只有相对少数人意识到了自己根本不喜欢他人。许多人只觉得对别人没有兴趣或感觉。大多数人完全没有意识到自己和别人心中长期仇恨的强烈程度。他们采纳了自己知道理应拥有的感觉——喜爱他人，发现他人的友善，除非/直到他人真的做出了挑衅行为。正是这种无差别的“喜爱他人”显示了它的单薄，或者表明它是对根本上缺乏喜爱的一种补偿。

虽然许多观察者都经常在我们的社会场景中看到对他人潜在的不信任和不喜欢，但对自己的不喜欢这一现象却没有足够清楚的认识。人们公开表现对自己的憎恨或厌恶，这种自我仇恨或许被认为是罕见的。大多数情况下，自我厌恶以各种方式被隐藏起来。自我厌恶最常见的间接表现之一是普遍存在于我们文化中的自卑感。在意识层面上，这些人并不觉得他们不喜欢自己：他们只觉得自己不如别人，觉得自己愚蠢、没有吸引力或是自卑感的任何特定内容。

可以肯定的是，自卑感的动态机制是复杂的，除了我们正在讨论的因素之外还存在其他因素。然而这一因素总少不了，厌恶自己或至少对自己本人缺乏好感总是存在，并且是动态机制中的重要因素。

一种更微妙的自我厌恶是倾向于不断进行自我批评。这些人并不感到自卑，但一旦他们犯了错误，发现自己身上有不该如此的东西，他们自我批评的程度就会与错误或缺点的重要性完全不成比例。他们必须要么按照自己的标准达到完美，要么至少按照周围人的标准足够完美，以便得到爱与认可。如果觉得自己做得很完美，或是成功赢得了他人的认可，他们就会感到轻松自在。而一旦没有做到这一点时，他们就会被平时压抑着的自卑感压垮。在此，对自己缺乏基本的喜爱是这种态度产生的根源。如果我们将对自己的这种态度与对他人的相应态度进行比较，就会更加明显。例如，如果一个男人自认为爱一个女人，可一旦她犯了任何错误就觉得她一无是处，抑或对她的感觉完全取决于别人是批评还是赞扬她，那么毫无疑问他根本不爱她。一个心怀仇恨的人会抓住每一个机会批评别人，不放过别人的任何疏忽。

然而，对自己缺乏好感最普遍地表现在人们对待自己的方式上。人们是自己的奴隶主，他们并非给一个外在于自己的主人做奴隶，而是把这个主人内化了。这个主人严酷而残忍。他不给他们片刻休息，禁止他们享受任何乐趣，不允许他们做想做的事。即使他们做了，也是偷偷摸摸地做，而且以内疚感为代价。甚至追求快乐也跟工作一样是强制性的，无法引导他们远离弥漫于生活中无休止的躁动不安。除了一些例外，大多数时候他们甚至意识不到这一点。因此，银行家詹姆斯·斯蒂尔曼（James Stillman）即使在年富力强时获得了他人难以企及的财富、威望和权力，也说："我这辈子从来没有做过我想做的事，也永远不会去这样做。"（参阅 Robeson，1927）

"良心"作为外部权威的内在化以及对自己根深蒂固的敌意的载体，弗洛伊德在阐述其超我概念时已经对它有清楚的认识。他认为超我包含了大量内在于人的基本破坏性，并在责任和道德义务上使其针对人。尽管对弗洛伊德的超我理论有诸多反对意见，本文无法一一赘述（参见我对于超我的讨论：Fromm，1936a），但毫无疑问，弗洛伊德敏锐地察觉到了孕育于现代社会的"良心"中所包含的敌意和残忍。

关于敌意和仇恨的真相同样适用于爱。然而，爱他人和自爱是一个更难讨论的问题，原因有二。首先基于这样的事实：仇恨是我们社会中随处可见的现象，因此很容易对其进行实证的观察和分析，但爱是一种相对罕见的现象，只有在困境中才能经验地观察到，因此任何关于爱情的讨论都意味着有风险沦为不切实际的凭空推测。另一个困难可能更大。我们的语言中没有任何一个词像"爱"这样被滥用和糟蹋。只要有助于达到目的，它就会被那些随时准备纵容残酷行径的人大肆宣扬；被用作伪装来迫使人们牺牲自己的幸福，让全部自我屈从于那些从中获利的人；被用作无理要求的道德基础。它已经变得如此空虚，以至于对许多人来说，爱可能只不过意味着两个人共同生活二十年而每周打架不超过一次。使用这样一个词既危险又有点尴尬。但一个心理学家可不会对这种尴尬束手就擒。对爱进行宣扬充其量是一种低级趣味，但对爱这一现象进行冷静的批判性分析以及揭露“假爱”的真面目——这两项任务无法分离——是心理学家义不容辞的责任。

不言而喻，本文不会试图对爱进行分析。仅仅描述通常用“爱”一词来涵盖的心理学现象就需要占用一本书的大部分篇幅。然而，必须尝试对本文的主要思想倾向进行必要的陈述。

两种彼此密切相关的现象经常被称为“爱”——受虐与施虐式的爱。在受虐式的爱中，一个人放弃了自我、主动性和完整性，以便完全沉浸于另一个似乎更强大的人之中。深深的焦虑导致一个人觉得无法独立自主，便想要摆脱自己的个体自我，成为另一个人的一部分，从而获得安全感并找到一个自己所没有的中心。这种放弃自我的行为常常被标榜为“伟大的爱”。它实际上是一种偶像崇拜，也是一种自我的泯灭。它被认为是爱这一事实让它变得更加诱惑与危险。

另一方面，施虐式的爱源于将对象吞下的欲望，让其成为自己手中毫无个人意志的工具。这种驱动力也根植于深度焦虑和无法独立，但与通过被吞噬而变得更强大不同，力量与安全感来自对他人施加的有限控制。受虐与施虐式的爱表达了一种基本需求，它源自独立自主能力的根本缺失。使用生物学术语来说，这种基本需求可称为“共生需求”。施虐式的爱通常是父母对孩子的那种爱。无论这种支配是明显专制型的还是微妙的“现代式的”，本质上并无差别。无论哪种情况，它都会削弱孩子自我的力量，导致他在以后的岁月里发展出同样的共生倾向。成年人之间的虐恋并不罕见。在长期的关系中，双方各自的角色通常是永久的，一方代表共生关系中施虐的一极，另一方代表受虐的一极。有时角色持续变化，演变为一场对支配和屈从的不断斗争，但它被认为是爱。

由此可见，爱与自由和独立是分不开的。与共生的伪爱相反，爱的基本前提是自由和平等。它的前提是强大、独立和完整的自我，能够独立自主并承受孤独。这一前提不仅适用于爱着的人，也适用于被爱的人。爱是一种自发行为，而自发本就意味着按自己的自由意愿行事的能力。若自我的焦虑与软弱使个人无法根植于自己，他就不能去爱。

只有认真思考爱的导向之所在，才能完全理解这一事实。它是仇恨的对立面。仇恨是狂热地希望制造毁灭，爱是对“对象”的热切肯定。这意味着爱不是一种“情感”，而是积极的努力，其目标是“对象”的幸福、发展和自由。如果一个人的自我是残缺的，这种热切的肯定就是不可能的，因为真正的肯定总是来源于力量。一个自我受挫的人只能以矛盾的方式去爱——他能以自我中强大的部分去爱，而残缺的部分使他必须去恨。

“热切的肯定”一词容易引起误解；它不是指纯粹理性判断意义上的智力肯定。它意味着更深刻的肯定，一个人的人格作为整体参与其中，包括智力、情感和感官。与大脑相比，人的眼睛、耳朵和鼻子往往是更好的进行肯定的器官。如果一种肯定深刻而热切，那么它是关乎“对象”的本质的，而不仅仅指向片面的品质。在《圣经·旧约》中，上帝创世的每一天都以“神看着是好的”这句话结束，没有任何语言比之更能表达上帝对人的爱。

还有另一个可能的误解格外应当避免。基于以上讨论，人们可能会得出这样的结论：无论爱的对象是否值得，每一种肯定都是爱。这意味着爱是一种纯粹主观的肯定的感觉，而客观价值的问题并不涉及其中。于是问题来了：人能爱邪恶吗？我们此处涉及的是心理学和哲学中最困难的问题之一，这里无法尝试对其进行讨论。但我必须重申，本文意义上的肯定并不是完全主观的东西。爱是对生命、成长、欢乐、自由的肯定，因此根据定义，邪恶作为否定、死亡和强迫是无法被爱的。当然，主观感受可以是愉快兴奋的，并有意识地被想象为传统意义上的爱。这样的人倾向于相信他爱着，但对他的精神内容进行分析就会揭示出与我讨论的爱截然不同的状态。

极其相似的问题出现了，涉及的是心理学的某些其他议题，比如幸福究竟是一种完全主观的现象还是包括了客观因素。一个依赖性强、放弃自我的人如果感到“幸福”，我们能依据他的感受就说他是幸福的吗？还是幸福总依赖于某些价值，比如自由和人格完整？人们总以相关人等是“幸福的”为论点来为他们施加的压制辩护。这是一种拙劣的辩护。幸福不能与某些价值分离，也不仅仅是一种主观的满足感。受虐狂就是一个很好的例子。一个人可以满足于屈从、折磨甚至死亡，但屈从、折磨或死亡中绝无幸福可言。这样的思考似乎离开了心理学领域而属于哲学或宗教的范围。我认为事实并非如此。一个足够精密的心理学分析能依据潜在人格结构来分辨情感的不同性质，因而能够揭示满足感和幸福感之间的差异。然而，心理学要意识到这些问题，就不能试图与价值问题相分离，且最终不能回避人类生存的目标和目的问题。

如同性格因素仇恨，爱也植根于一种长期存在的基本态度——时刻准备着去爱，也可称之为“基本的同情”。它由一个特定对象引发，但并非由它造成。能够去爱以及准备着去爱是一种性格特征，正如准备着去恨也是。很难说有什么条件利于这种基本同情的发展。似乎有两个主要条件，一个是肯定的，另一个是否定的。肯定的条件是在孩提时代经历过来自他人的爱。虽然通常来说，父母理所应当爱自己的孩子，然而这种情况只是例外而非常态。因此，这一肯定的条件常常不存在。否定的条件是上述所有导致长期仇恨的因素都不存在。而究竟有多大几率这些条件不存在，对童年经历有所观察的人大概都会持怀疑态度。

从真实的爱根植于基本的同情这一前提出发，我们得出了一个关于爱的对象的重要结论。该结论原则上与关于长期仇恨对象的陈述相同：爱的对象不具有排他性。可以肯定的是，某个人成为显而易见的爱的对象并不是偶然的。影响这种特定选择的因素过于纷繁复杂，这里不予讨论。

然而重要的一点是，对特定对象的爱只是一个人绵长的爱的现实化和集中化，而非像浪漫爱情所想的那样，人生在世只能爱那一个人，找到那个人是一辈子的重大机遇，爱他/她就要放弃所有其他人。只能与一个人相爱，这一事实本身就证明了它不是爱，而是一种共生依恋。爱中包含的根本肯定指向所爱之人，视他/她为人类本质特征的化身。

对一个人的爱意味着对人类本身的爱。威廉·詹姆斯所说的那种“劳动分工”——爱自己的家人却无法对“陌生人”产生感情——是一种基本的爱无能的表现。对人类本身的爱并非像人们通常以为的，是在爱一个具体的人“之后”进行的抽象化，也非对特定对象的体验的扩大。它是爱的前提，尽管从源头上讲，它是通过接触具体的人而获得的。

由此可知，原则上我的自我与他人一样，是我爱的对象。对我自己生活、幸福、成长和自由的肯定源于这种爱的基本准备状态和能力的在场。如果一个人具有这种准备状态，他也能将它投向自身；如果他只能爱别人，他就完全不能够爱。一言以蔽之，爱跟仇恨一样在对象上是不可分的。

这里已经指出的原则，即仇恨和爱是一种持续准备状态的现实化，对其他精神现象也适用。例如，耽于肉欲不仅仅是对刺激的反应。耽于肉欲的人，或者说好色的人，对世界持一种基本的色情态度。这并不意味着他处于持续的性兴奋状态。它意味着有一种色情的氛围被某个客体现实化，但这种氛围在刺激出现之前就已经潜在地存在了。此处并非指的是生理上赋予的性兴奋能力，而是指色情准备状态的氛围，哪怕这个人没有处于实际的性兴奋状态，也能在放大镜下观察到这一氛围。从另一方面来看，有些人缺乏这种色情准备状态。在这些人中，性兴奋本质上是由作用于性本能的刺激引起的。他们的刺激阈值可以在很大的范围内变化，但这种性兴奋有一个共同的特征：它与整个人格的智力和情感特质相分离。

同一原则的另一个例证是美感。有一种人格时刻准备着看到美。同样，这并不意味着他总是在看美丽的图片、人物或风景，但当他看到它们时，一种持续在场的准备状态就会被现实化，他对美的感受并不仅仅是被对象激发出来的。同样在这里，细致的观察表明，这类人看待世界的方式与众不同，即使当他看到的对象并不能刺激敏锐的美感时也如此。如果篇幅允许，我们可以举出更多例子来证明这一原则。它应该已经很清楚了：尽管许多心理学流派都从刺激反应的角度来思考人类的反应能力，但在此提出的原则是，性格是一种由上述多种准备状态组成的结构，这些准备状态持续在场，由外部刺激现实化却并非由外部刺激引起。这种观点对心理分析这样的动态心理学是至关重要的。

弗洛伊德认为，所有这些准备状态都源自生物学上被赋予的本能。本文认为，虽然其中一些情况的确如此，但许多其他准备状态源自个人对个体和社会经验所做出的反应。

还有最后一个问题有待讨论。诚然，爱自己和爱他人原则上并行不悖，那么我们如何解释与真诚关心他人明显相悖的自私行为呢？自私的人只对自己感兴趣，想为自己赢得一切，只会焦急地索取而无法愉快地给予；他看待外部世界的方式仅仅只是他能从中获取什么；他对他人的需求缺乏兴趣，也不尊重他人的尊严和人格完整。他只看得到自己，从对他是否有用的角度来评判每一个人和每一件事，基本上没有爱的能力。这种自私可能显露无疑，也可能通过各种无私的姿态来伪装，但它的动态机制是完全相同的。这种人格似乎明显存在对自己极为关心和对他人缺乏关注之间的矛盾，这难道不恰恰证明了在关心他人和关心自己之间存在着一种非此即彼的关系？如果自私与自爱是等同的，那么情况必然如此。但这一假设就是谬论，它导致围绕着此问题产生了许多错误的结论。自私和自爱绝不是等同的，它们实际上是对立的。

自私是一种贪婪。[德语单词 Selbstsucht（对自我上瘾）非常充分地表达了所有上瘾（Sucht）症状的共性。]与所有贪婪一样，它包含了永无餍足，其后果是永远不存在真正的满足。贪婪是个无底洞，让人不断努力满足需要却又永远无法满足，在此过程中精疲力竭。这就引出了事情的关键：细致的观察表明，尽管自私的人总是为自身利益而焦虑，但他永远无法满足，总是坐立不安，不断被恐惧驱使，害怕得到的东西不够多，害怕错过或是被剥夺任何东西。任何可能占有得更多的人都让他充满了强烈的嫉妒。如果我们更近距离地观察，尤其是其无意识动力机制，就会发现这种人基本上不喜欢自己，甚至非常讨厌自己。这个看似矛盾的谜题很容易解决。自私的根源就在于缺乏对自己的喜爱。一个不喜欢、不认可自己的人总是在为自己焦虑。他没有内在的安全感，这种安全感只有在真正喜爱和肯定自己的基础上才能存在。他必须为自己担忧，贪婪地为自己谋求一切，因为他的自我缺乏基本的安全感和满足感。所谓的自恋者也是如此，与其说他过于关注为自己获取东西，不如说他过于欣赏自己。虽然表面上看起来似乎这些人非常爱自己，事实上他们并不喜欢自己，他们的自恋——如同自私一样——是对本质上缺乏自爱的过度补偿。弗洛伊德指出，自恋的人已经从他人那里收回了自己的爱，将爱转向了自己。虽然这句话的前半部分是正确的，后半部分却是谬论。这样的人既不爱别人也不爱自己。

若与过度关心和保护他人相比较，这种机制就更容易理解了。如果观察得足够深入，总能发现一个事实：无论是一位过分焦虑的母亲还是一位过度担心的丈夫，尽管这些人在意识层面上认为他们格外喜爱自己的孩子或另一半，实际上对他们关心的对象存在着深深的被压抑的敌意。他们之所以过分关心，是因为既要补偿喜爱之情的匮乏，又要补偿实际上的敌意。

自私的问题还有另一方面。牺牲自己本人难道不是无私的极端表现吗？换个角度，一个爱自己的人能做出最高的牺牲吗？答案完全取决于这样的牺牲意味着什么。有一种近年来被法西斯主义哲学特别强调的牺牲——个人应该为外在于自己的更伟大、更有价值的东西而放弃自己，比如领袖和种族。个人本身无足轻重，为了更高的权力而自我毁灭的行为本身让他找到了天命。在这一概念中，为了比自己更伟大的人或物而牺牲自己，这一行为本身就是可达到的最大的美德。如果对自己以及对别人的爱意味着基本的肯定和尊重，那么这一概念与自爱背道而驰。但还存在另一种牺牲：如果一个观念已成为自我的一部分，如果深爱一个人，那么为了保全这个观念和这个人而必须献出自己的生命，这种牺牲可能是自我肯定的极致表现。当然，这不是对一个人自身身体的肯定，而是对一个人整体人格核心意义上的自我的肯定。在这种情况下，牺牲本身不是目标，它是为实现和肯定一个人的自我而付出的代价。在后一种情况下，牺牲源于自我肯定，但在我们可称之为“受虐性牺牲”的情况下，它源于自爱和自尊的缺乏，本质上是虚无主义的。

自私问题对心理治疗有着非同寻常的影响。患有神经官能症的个人在与别人的关系中受到阻塞或者过于为自己感到焦虑，在这个意义上他们常常是自私的。这是意料之中的，因为神经官能症意味着强大的自我未能成功地实现整合。当然，行为正常并不意味着整合成功。它意味着，对于大多数适应良好的个人来说，他们在很小的时候就失去了个人的自我，取而代之的完全是社会提供给他们的社会自我。他们没有神经症式的冲突，因为他们的自我消失了，因而他们的自我与外部世界的差异消失了。患有神经官能症的人常常特别无私，缺乏自我主张，受到阻滞而无法追寻自己的目标。这种无私的原因本质上与自私的原因相同。他实际上总是缺乏自爱，而要想变得健康，这就是他所需要的。如果神经症患者恢复健康，他并不是在遵循社会自我的意义上变得正常。他成功地实现了自我，这个自我从未完全丢失，他之前一直在挣扎着通过神经质症状来保存这个自我。因此，正如弗洛伊德的自恋理论通过将自爱与自私等同起来，从而将对自爱进行谴责的文化模式合理化，一个理论在治疗上产生的影响可能是毁灭性的。它增加了自爱的禁忌性。在这种理论指导下，只有当心理治疗的目的不是帮助个人成为他自己，即获得传统上默许艺术家们拥有的诸如自由、自发性和创造性等品质，而是要他放弃为自我而斗争，平静地遵从文化模式，不受神经官能症喧嚣的侵扰，这时治疗效果才能被称为是积极的。

在当今时代，把个人变成无力的原子的趋势正愈演愈烈。独裁体制往往使个人沦为掌权者手中毫无意志和感觉的工具。他们使用恐怖、犬儒主义、国家权力、大规模示威、激情澎湃的演说和所有其他暗示手段将个人击倒。最终当个人感觉虚弱得无法自立时，他们让他参与更伟大整体的力量和荣耀之中，使他获得满足感，而他只是这个整体中无力的一分子。威权主义宣传所使用的论点是：民主国家的个人是自私的，人应该变得无私，变得有社会意识。这是一个谎言。纳粹主义用掌握领导权的官僚体系及国家的最残酷的自私取代了普通人的自私。对无私的呼吁是一种武器，使普通个人更容易屈服及放弃权利。

对民主社会的批评不应针对人们太自私。这是事实，但只是某些其他东西的后果。民主没能成功地让个人爱自己，即让他对个人的自我——包括他所有的智力、情感和感官潜力——感到深刻的肯定。清教/新教徒对自我否定的继承，以及个人必须服从生产和利润的要求，这些都为法西斯主义的产生创造了条件。时刻准备着服从，以及被战争和自我毁灭的形象所吸引而产生变态的勇气，这些只有建立在绝望——很大程度上无意识的——的基础上才有可能，而绝望被军歌和为元首呐喊的声音所掩盖。一个不再爱自己的人随时准备着赴死和杀戮。如果不想变成法西斯文化，我们文化的问题不在于存在过多的自私，而在于缺乏自爱。我们的目标是必须创造条件，使个人有可能实现其自由，不仅是形式上的自由，而且是在智力、情感和感官特质上维护其全部人格。这种自由不是人格中的一部分对另一部分的统治——比如良知对天性的统治，超我对本我的统治——而是整个人格的整合，以及完整人格所有潜力的如实展现。

10. 我们仍然热爱生命吗？

我们是否仍然热爱生命这一问题可能令你们中的一些人感到费解，甚至可能听起来毫无意义。难道我们不都热爱生命吗？对生命的热爱难道不是我们所有行动的源泉吗？若非热爱生命并为维持和改善它而做出诸多努力，我们又怎能存活下去？如果你是这样想的，你和提出这个问题的作者通过共同努力，相互理解起来或许并无大碍。

对于其他人而言，这种理解将困难得多。我想到的是你们当中那些对我的问题义愤填膺的人。我能听到愤愤不平的回答："你怎敢怀疑我们对生命的热爱？我们的整个文明、生活方式、宗教情感、政治思想，全都来源于对生命的热爱，而你的问题似乎让人怀疑我们文化的根本！"这种愤慨让理解变得更加困难——正如愤慨一直以来的表现那样，因为它本质上就是愤怒和自以为是的混合物。比起用自命清高来维护自己愤怒的义愤填膺的人，跟愤怒的人用理性和善意的话语来沟通更容易。但即使是那些读到题目中的问题就愤慨不已的人，当他们发现我并没有攻击任何人，而是试图指出一个危险，并且只有通过明确指出才能将其克服，或许他们中的一些人更愿意倾听。

事实上，如果对生命没有起码的热爱，那么无论个人还是文化都不可能存在。我们看到一些人对生命失去了最起码的热爱，变得精神错乱，他们会自杀，成为无可救药的酒鬼或瘾君子。我们也知道，如果整个社会都已丧失了对生命的热爱，充满毁灭性，以至于分崩离析、毁灭殆尽，或几近灭亡。想想阿兹特克人①，他们的力量在一小撮西班牙人面前灰飞烟灭；或者想想纳粹德国，若希特勒的意志得以贯彻，大规模自杀就难免爆发。目前为止在西方世界，我们还没有崩溃，但有迹象表明这很可能发生。如果要谈论对生命的热爱，我们必须首先更好地理解彼此对生命的观念。你可能觉得这很简单。你会说生命是死亡的对立面。活着的人或动物可以自己移动，并对刺激做出反应；死去的生物不能做这样的事，并且它会腐烂，无法像石头或木头一样保存自己。的确，这是给生命下定义的基本方式。然而，我们可以尝试稍进一步描述生命的特质。生命总是趋向联结与融合。换句话说，生命必然是一个不断成长和变化的过程。事实上，一旦成长和变化终止，死亡随即来临。生命不会野蛮和无序地生长，每个生物都有自己的形式和结构，深植于其染色体之中。它可以更充分、更完美地成长，但不可能长成它生来就无法成为的样子。

生命永远是个过程，一个变化和展开的过程，也是一个体质结构与诞生环境之间不断互动的过程。苹果树永远不会变成樱桃树，但取决于它们的体质构造和生存环境，二者都能长成一棵或多或少美丽的树。一定的阳光雨露可能对一种植物有益，却会是另一种植物的祸害。这与人类并无二致。然而不幸的是，大多数父母和老师对人的了解比不上一个好园丁对植物的了解。

要说生命是按照一种结构模式成长的，而不是疯狂且不可预

---

① 阿兹特克帝国，存在于14—16世纪，前哥伦布时期中美洲最强大的国家。——译者

测的，这并不意味着——除非从广义上讲——一个生命体的每个独特方面都是可预测的。这是所有生命的伟大悖论之一。生命可预测又不可预测。我们多多少少知道任何生命体大体上会变成什么样子，但生命充满惊喜，与非生命物质呈现的秩序相比，生命体是无序的。如果一个人充满着对“秩序”的期望——说到底是他头脑中的一种范畴——以至于期望在生命体中看到“秩序”，那么他将感到失望。如果他对秩序的渴望非常强烈，可能会试图迫使生命进入有序的模式，以便控制它。而当他发现生命无法控制时，可能会在沮丧和愤怒中最终试图将其扼杀。他已经成为一个憎恶生命的人，因为他无法摆脱控制的冲动。他无法热爱生命，他失败了，正如一首法国歌曲中唱的那样：“爱是自由的孩子。”

应该补充的是，这一点不仅适用于我们对他人生命的态度，也适用于我们对自己内在生命的态度。我们都认识这样的人：他永远无法率直，永远不会感到自由，因为他坚持控制自己的情绪、思想和行动；他永远无法行动，除非他确切地知道结果将是什么；他无法忍受任何怀疑；他疯狂地寻求确定性，而当这种确定性无法找到时，他往往会被更多的怀疑所折磨。这种人执着于对控制的需求，他们可能是仁慈或残忍的，但一定满足一个条件——他们感兴趣的主体必须是可控的。当这种对控制的需求达到一定程度时，精神病学家指出，这样的人就患有强迫性神经症以及具有很大程度的施虐倾向。在进行精神疾病的分类时，这是一种很好的表达方式。然而，从一个稍许不同的视角来看，也可以说这个人承受的痛苦源于无法热爱生命：他害怕生命，正如他害怕自己无法控制的一切。

于是接下来需要讨论爱的内在原则，无论是对生命的爱，还是对人、动物、花朵的爱。只有当我的爱充足，且符合被爱者的需求和天性时，我才能够爱。如果一株植物只需要很少的水分，我的爱就表现为让它拥有所需的水分。如果先入为主地认定“什么对这株植物有益”——例如，认为大量的水总是好的——我将残害甚至杀死这株植物，因为我没有能力以它需要被爱的方式去爱它。仅仅“去爱”是不够的，想让另一个生命体“得到最好的”也是不够的，除非我知道这个植物、动物、孩子、男人或女人的需要，除非我能放弃我对“什么是最好”的理解，放弃控制欲，否则我的爱就是毁灭性的，变成了死亡之吻。

许多人无法理解为什么自己深深地甚至充满激情地爱着一个人，却无法保有他/她的爱，甚至将他/她赶跑。他们抱怨命运的残酷，无法理解为什么自己的爱不能唤起对方的爱。若能停止为自己感到抱歉，停止埋怨生活，这将对他们有所帮助。若能问问自己，他们的爱是否符合所爱之人的需要，他们的爱是否自己关于“什么是最好”的执念的结果，那么这甚至可能改变事情的悲剧走向。

从控制到使用强力仅一步之遥。适用于前者的情况同样适用于后者。爱与强力是不可调和的矛盾，或许人类行为中没有比它们更加根本的两极对立了。二者都深刻地根植于我们的天性，是我们走向世界和应对世界的基本可能性。若我提到强力，你一定不要马上想到暴力、侵略、袭击和战争。这些都是强力的极端症状，但它们不同于强力的原则。对大多数人而言，强力原则显得如此自然且不言自明，以至于他们甚至没有意识到这是一条特定原则，而非“人性”的一部分。强力原则往往看起来是最充分且简单的解决问题的方法。

设想这样一位母亲，她的孩子拒绝做必须要做的事。比起强迫小强尼，又有什么方法能得到更好更快的结果？你有力量，他必须让步——为什么不使用它？当然，有很多方法来利用你的强力，有的友好些，有的更恶劣。你可以先说服他，甚至闭口不用强力威胁，只把它留作你的最后一着；或者你可以立即进行威胁。你可以适度地使用强力，并且只限于达成目的所需的限度；或者如果你有施虐狂倾向，可以立即使用武力，并在程度上远远超出形势所需。强力不一定是体力威胁，它可以是心理上的，利用孩子容易受教唆和无知的特点来欺骗他、对他撒谎、给他洗脑。强力的有效性不仅仅体现在某个目标的达成，只要你的对手不能有效地进行自我防卫，对于使用强力的人来说，它也是极大满足感的来源。强力似乎证明了他的力量、优势以及影响力。然而，这样的证明多么具有欺骗性！他比孩子更具优势，仅仅因为他更高大、更强壮；而面对一个拿着手枪的人，他——这个强壮的人——就像一个孩子。

对儿童的态度只是强力的表现之一。在成年生活中，无论在个人还是社会层面，强力的使用程度相同——甚至更多，因为绝大多数人对孩子的柔情不太可能软化我们对同龄人的态度，尤其是对陌生人。在大多数人际关系中，是法律降低了强力的使用。很多情况下，法律禁止我以强力为手段来使他人按照我的意愿行事。但法律仅代表了最低限度的为对抗强力所提供的保护。在大多数个人关系中，它没有进行有效干预。父亲为阻止青春期的儿子选择想要的职业而停止对他的资助；母亲声泪俱下，呼唤儿子的深情厚意，劝他不要娶他选择的女孩；雇主威胁将人解雇；老师坚持让学生接受他的观点，如果他们不照做，就给他们糟糕的分数——不管是否意识得到，他们都在使用强力。

当涉及国家间的关系时，不存在任何超国家的法律可以减轻强力。所有国家都接受主权原则，即国家有权通过其认为合适的一切手段来追求其利益，当然也包括——最重要的——使用武力或经济强制手段。我们很容易说服自己，认为我们使用武力是正当防卫。我们不会为这样的事实感到不安：为了达到自己的目标，将制造死亡和破坏而不接受任何限制。我们变得如此麻木不仁，以至于能够一边享用早餐，一边阅读报纸上关于男人、女人和孩子惨遭杀戮或残害的报道。

当然，只有当我比对手更有力量时，使用强力才是合理的。由此产生的逻辑后果是我倾向于增加我的力量，并尽可能阻止其他人达到我的水平。然而，历史比个人的人生更好地表明，试图通过使用武力来确保永久优势地位的所有努力均以失败告终。在胜利的欣欣向荣中，基于优势力量的强大基业似乎能屹立数个世纪而不倒。然而不过几十年，面对新兴力量的进攻抑或内部的疲弱无力，强者无一例外土崩瓦解。希特勒的“千年帝国”只持续了区区十五年，对于以武力为基础的胜利而言这并非个例。

事实上，即便武力似乎带来了想要的结果，它也会有我们谈论药物时所说的“危险的副作用”。在全国范围内，它给受伤害的人留下了狂热的报复欲望，同时也给了他们在环境允许时使用武力的正当理由。

同样危险的副作用也产生在使用武力的人身上。使用者很快就开始混淆武力手段的力量（财富、地位、威望、坦克和炸弹）与自己本身的力量。事实上，他并不努力让自身变得更强大，包括他的头脑、爱、活力，而是把所有精力都放在试图使自己的手段更强大上。当他的强制能力增加时，他本人变得更匮乏；当他到达无法回头的境地时，他能做的只有继续用武力与世界打交道，用他的方法押上自己的身家性命获取成功。他的活力减少了，对世界不那么感兴趣，人也变得更无趣、更令人惧怕，当然也有很多人钦慕他。

爱的方式与强力的方式截然相反。爱是努力去理解、使人信服及激励他人。在这样做的过程中，爱着的人不断使自己焕然一新。他变得更有感知力，更具观察力，具有更高的生产力，也更能成为自己。爱不是多愁善感或软弱。它是一种施加影响和进行改变的方法，不会产生使用强力后的危险副作用。不同于强力，它需要耐心、内心的努力，以及——最重要的——勇气。选择用爱来解决问题的人，需要有勇气承受挫败，面对挫折保持耐心。它要求人们坚信自己的影响力，而非它扭曲的摹本——强力。

我写了什么你不知道的东西吗？恐怕没有。然而还是有充分的理由写下来。因为虽然你都知道，但同时你又不知道。我在写作中探讨强力和爱这两种整体的人生态度，目的是鼓励你意识到你已经知道却没有意识到的东西。留意你是如何应对你的孩子、狗、邻居、推销员、政治对手的，更不用说政治敌人了。当意志受挫时，你是如何下意识地变得紧张的；你是如何立即寻找强力手段的；当找不到或没有任何强力手段时，你是如何感到挫败的。你是否经常觉得自己像《爱丽丝梦游仙境》中的女王，大叫："砍了他的头。"想要认识到自己已沉迷于使用强力这条捷径，你必须时常仔细观察并学会倾听你意识中难以察觉的种种反应。

那么试着转身放弃对强力的执着吧。保持活力、耐心，不再只注重结果，而是越来越多地关注过程，观察你是如何放松、如何缓解紧张和焦虑的。使用强力是解决人类存在问题的一种方式。这种方式只有对于那些强者才是可能的，他们使用强力手段对抗力量较弱的人。虽然这是解决人生问题的一种可能方式，但并不是令人满意的方式。它使人依赖于自己的强力手段，使人感到孤独与恐惧。使用强力是对人生可能性的一种回答，但它是一种荒谬的回答，不仅因为强力摇摇欲坠的特质，而且主要因为在存在的至关重要的现象——必将到来的死亡中，强力将毫无帮助。最强大的人也会被死亡击败，如同最无力的人一样，正是这最终的致命一击使强力原则如此可笑，尽管不一定被意识到。

爱始终是对我们所爱之人成长和活力的积极关注。它不可能是别的什么，因为生命本身就是一个成为、联结和融合的过程，所以对所有生命的爱必定是推动这种成长的强烈愿望。与之相对，正如我们所看到的那样，控制和使用强力的愿望违背了爱的本质，阻碍了爱的发展和运作。

然而，你们中的一些人现在会不耐烦地问：既然到目前为止你主要谈论的是对人、动物或植物的爱，为什么还要谈对生命的爱？有"对生命的爱"这种东西吗？它或许只是一种抽象，而爱的真正对象只能是像人这样特定、具体的现象?

我相信我已部分回答了这个问题，或者至少已为答案奠定了基础。如果生命的本质是一个成长和融合的过程，如果热爱生命不能通过控制或强力的方式，那么对生命的爱就是所有爱的核心，就是对人、动物和花朵的生命的爱。对生命的爱远非一种抽象，而是任何一种爱中最具体的核心。任何人如果相信自己爱一个人却不热爱生命，他有可能渴望、想要、执着于这个人——但并不爱他。

事实如此已为我们所知，尽管我们常常没有意识到自己知道。当有人谈起一个人，说“他真的热爱生命”时，大多数人确切地理解这是什么意思。我们指的是这样一个人：他热爱一切成长和活力的展现，吸引他的是慢慢长大的孩子、成年人的成长、逐渐成形的观念和发展中的组织机构。对他来说，哪怕是没有生命的东西——比如水或石头——也会变得有生命；而有生命的东西吸引他不是因为庞大又强壮，而是因为它有生命。你甚至常常能通过面部表情辨别出一个热爱生命的人。他的眼睛和皮肤都焕发着光彩，他的周身都散发着光芒。当“坠入爱河”时，人们热爱生命，这是他们互相吸引的原因。然而，如果这种对生命的热爱太过脆弱而无法持续，他们会再次失去爱情，不明白为什么他们的脸还是一样，却又不再一样了。

人们对生命的热爱是否只是程度不同?如果真是这样，那该有多好。但不幸的是，有些人不爱生命，他们“爱”死亡、毁灭、疾病、腐朽、崩解。他们不被成长和活力所吸引，甚至厌恶并想扼杀它们。他们憎恶生命，因为无法享受和控制它。他们承受的是唯一真正存在的倒错——被死亡吸引。在著作《人心》（1964a）中，我把这些人称作“恋尸癖者”，即“爱死亡者”，并指出从精神病学的角度来看，恋尸癖倾向的极端形式意味着严重的精神疾病。

如果留心观察，你会发现自己不仅认识爱死亡者，也认识爱生命者。但你或许不敢用这些措辞来思考，因为从表面上看每个人都是“和善”和“有爱的”，而一旦一个人被杀人的欲望攫住时，我们往往会对他的状况轻描淡写，只称他为“病态的”。他可能是病态的，但我们又怎能确定自己没有患上同样的疾病呢？是什么让我们如此肯定我们是爱生命者而不是爱死亡者？

事实上，我们今天的文化中存在一些严重的症状，表明我们已经被感染，会潜在地受到死物的吸引。我们在自己周遭看到了这种吸引的诸多表现形式：国际层面的毁灭性暴力和施虐狂、国家层面的犯罪和残暴；几乎能用我国销售的镇静剂数量来定量测量的紧张和焦虑度；吸毒成瘾者试图用刺激和兴奋代替对生命真正的热爱。我们不需要统计数据就能确信无疑。我们大多数人都表现出不同程度的症状。只消想想我们中有多少人需要先喝上一杯才能在社交场合感到舒适；我们根据不同场合需要合成出欢乐和悲伤的表情；我们倾向于思考而不是感受在不同情况下怎么做恰当得体（如在婚礼或葬礼上，抑或面对著名艺术家的绘画时）；我们越来越多地用性爱来获得“亲密”和兴奋，却对另一个人除了欲望没有任何感觉。

焦虑和紧张的另一个明证是强迫性吸烟。任何试图戒烟的人都有过这样的经历：当他需要与人会面前，抑或在任何其他让他感到恐惧或紧张的情况下，吸烟的诱惑力是最大的。

你还可以观察到另一个现象。尝试坐着不动，什么都不做，什么也不想。也许你闭上眼睛，也许你看着一棵树、一片田野、一朵花。你可能会认为这很简单。试试看！你也许会发现自己变得焦躁不安，一刻不停地想着许多事，只在等待可以结束实验的那一刻。

所有这些紧张和焦虑都只是你的个人问题吗？在某种程度上这些症状确实是个人问题，但在更大程度上，这是我们工业时代的生活方式造成的。首先，我们更关心的是结果，而非导向结果的过程。在工业生产领域，机器和小器械带来了这些结果；这种情况愈演愈烈，以至于我们把自己也当成了机器，期待快速拿到结果，并四处寻找能产生预期效果的小器械。

但我们不是机器！生命不是达到目的的手段，生命本身就是目的。生活的过程，即改变、成长、发展、变得更加清醒和明白的过程，比任何机械成就或结果都更加重要，它的一个极为重要的前提条件是：我们热爱生命。如果有人问你为什么爱另一个人，你回答“因为他成功、出名、富有”，可能会感到稍许不安，因为你知道这一切都与爱无关。但如果你说，因为他或她充满活力；你爱他/她的笑容、声音、手和眼睛，因为它们洋溢着生命力，那么你确实给出了很好的理由。对于你自己而言也是这样。你之所以有趣，是因为你能对外界感兴趣。你之所以被爱，是因为你能够去爱，你在自己和他人身上热爱着生命。

当然，如果我们的文化是：结果比过程更重要、物质比生命更重要、手段成了目的、在需要用心的时候不得不使用大脑，那么我们就很难体验到那样一种热爱生命的态度。爱一个人和爱生命并不能一蹴而就。性可以这样，但爱不行。爱需要宁静中的愉悦，需要有能力享受**存在**而非去**做**、**占有**或**使用**。

另一个使得热爱生命困难重重的因素是我们对物质不断增长、永不满足的欲望。诚然，物质可以而且应该为人类服务。但如果它们成为目的而不再是手段，往往会削弱人们对生命的兴趣和热爱，并使人成为机器的附庸，成为物。物质可以产生很多结果，但它们不能爱，无论是爱一个人还是爱生命。我们完全被洗脑为消费者，以至于开始相信，若不买点什么，快乐就不会完整。我们已经失去了几代人之前相当普遍的认识：生命中那些最极致的乐趣并不需要小玩意，它们真正需要的是安静、“放手”和专注的能力。

登陆月球让千百万人遐想联翩，对大多数人来说，它比全身心地观察一个人、一朵花、一条河或自己的内心更加引人入胜。当然，要实现登月的目标，智慧、毅力、勇气和胆识必不可少，但其中并没有爱。登月只不过象征着与机械器具生活在一起，欣赏并使用它们。这个充斥着人造物并大量使用它们的世界既是我们的骄傲也是危险之所在。这个世界“物”的一面变得越突出，我们就对操控这些物品越感兴趣，对生活特质的体验就越少，对生命的热爱也就越少。确实有理由怀疑，比起生命本身，我们更喜欢那些能摧毁生命的技术奇迹。有没有可能，在工业化世界里人们没能成功地实现有效的核武器裁减，是因为生命已极大地失去了吸引力，而物品已经成为我们钦慕的对象？

还有一个对热爱生命造成障碍的是我们活动的日益官僚化。

你可以为它取更好听的名字："团队合作"、"团队精神"或者任何你喜欢的称呼。然而基本的事实是，为了获得最高的经济效率，我们往往会把每个个体裁剪到适当的尺寸，使其有可能成为团队中的一员，使其高效、守纪律，但无法做自己，无法充满活力，因此无力去热爱生命。

此时你可能会问，我们又能做些什么来改变这一切呢？为了重新热爱生命，是否有必要放弃我们的大规模生产体系和技术成就呢？我不这么认为。但有必要意识到危险，有必要把物质放到它们本该在的位置上，停止把自己转变成物以及物的操控者。如果我们不去操控，而是去热爱一切有生命的东西，那么哪怕是一个物——比如一个杯子——也可以变得鲜活，因为我们以赋予生命的方式对待它，就像艺术家所做的那样。接着我们会了解到，如果你长时间地注视着某人或某物，他或它会对你倾诉。但你必须认真投入地看，忘记你要从中得到什么，并且能够真正保持静止。如果你觉得有必要用诸如"这难道不是妙极了吗"或"我太想再看到它了"之类欣喜若狂的语句来描述你的感受，那么你的情绪可能没多大价值。如果你凝望一棵树的方式能让它似乎也在回望你，那么你可能什么都不想说了。

热爱生命没有秘诀，但有很多东西可以学习。如果你能摆脱幻想，看到别人和自己原本的样子；如果你能学会如何保持静止而非总要"去个地方"；如果你能把握生命与物质、幸福与刺激、手段与目的，以及——最重要的——爱与强力之间的区别，你就迈出了热爱生命的第一步。在你迈出这些第一步之后，再问自己一次。你会在很多书中找到有意义的答案，而最重要的答案就在你的内心深处。

有一个不容忽视的问题：你可能会害怕，越热爱生命就越会因真理、美、正直和生命时刻遭受打击而痛苦。情况的确如此，特别是在今天。但为了使自己免于痛苦而对生命采取漠不关心的态度，只会产生更大的痛苦。任何一个严重抑郁的人都能告诉你，相比什么都感觉不到的折磨，感到悲伤是一种解脱。生命中最重要的事不是幸福，而是活力；生命中最糟糕的事不是承受痛苦，而是漠不关心。

再说一句：如果受苦，我们可能会设法阻止痛苦的缘由；但如果什么都感觉不到，我们就会陷入瘫痪。人类历史迄今为止，痛苦一直是变革的助产士。难道史上第一次，我们要让冷漠摧毁人类改变命运的能力吗？

参考文献

Ayres, C. E., 1927: "Review of Robert Briffault, The Mothers", in: *The New Republic* 4. 12. 1927.

Bachofen, J. J., 1926: *Das Mutterrecht*, in: Manfred Schroeter (Ed.), *Der Mythos von Orient und Occident. Eine Metaphysik der alten Welt*. Aus den Werken von J. J. Bachofen. Mit einer Einleitung von Alfred Bäumler, München (C. H. Beck'sche Verlagsbuchhandlung) 1926.

— 1954: *Mutterrecht und Urreligion*, eine Auswahl, herausgegeben von Rudolf Marx (Kröners Taschenausgabe Band 52), Stuttgart (Alfred Kröner Verlag) 1954.

— 1967: *Myth, Religion, and Mother Right*. Selected Writings of J. J. Bachofen [vgl. J. J. Bachofen, 1954], ranslated from the German by Ralph Manheim, with a Preface by George Boas and an Introduction by Joseph Cambell (Bollingen Series LXXXIV), Princeton (Princeton University Press) 1967.

Bäumler, A. 1926: "Bachofen, der Mythologe der Romantik", in: Manfred Schroeter (Hrsg.), *Der Mythos von Orient und Occident. Eine Metaphysik der alten Welt*. Aus den Werken von J. J. Bachofen. Mit einer Einleitung von Alfred Bäumler, München (C. H. Beck'sche

Verlagsbuchhandlung) 1926; neu aufgelegt unter dem Titel: *Das Mythische Weltalter. Bachofens romantische Deutung des Altertums.* Mit einem Nachwort: "Bachofen und die Religionsgeschichte", München (Verlag C. H. Beck) 1965.

Bebel, A., 1878: *Die Frau und der Sozialismus,* Stuttgart (Dietz Nachf.) 1878.

Bender, L., and Schilder, P., 1936: "Aggressiveness in Children", in: *Genetic Psychology Monographs*, Vol. 18 (1936), pp. 410–425.

Briffault, R., 1928: *The Mothers. A Study of the Origins of Sentimentals and Institutions*, 3 Bände, London (G. Allen and Unwin, Ltd.) 1928.

Calvin, J., 1955: *Unterricht in der christlichen Religion. Institutio Christianae Religionis*, übersetzt und bearbeitet von Otto Weber, Neukirchen 1955 (Verlag der Buchhandlung des Erziehungsvereins); engl.: *Institutes of the Christian Religion*, translated by John Allen, Philadelphia (Presbyterian Board of Christian Education) 1928.

Darwin, Ch. R., 1858: *On the Origin of Species by Means of Natural Selection*, London (J. Murray) 1858; deutsch: *Die Entstehung der Arten durch natürliche Zuchtwahl*, Leipzig (Philipp Reclam) 1859.

Despert, J. L., 1940: "A Method for the Study of Personality Reactions in Preschool Age Children by Means of Analysis of their Play", in: *Journal of Psychology*, Vol. 9 (1940), pp.

17–29.

Ellis, H., 1928: *Review of Robert Briffault, The Mothers,* in: *Birth Control Review*, September 1928; und in: *Views and Reviews*, 2nd Series, S. 160f.

Engels, F., 1962: *Der Ursprung der Familie, des Privateigentums und des Staats.* Im Anschluß an Lewis H. Morgan's Forschungen. Mit dem Vorwort zur 4. Auflage von 1891, in: Karl Marx und Friedrich Engels, Werke (MEW) Band 21, Berlin 1962, S. 25–173 und 473–483 (Dietz Verlag).

Fourier, Ch., 1878: *Die Frau und der Sozialismus,* 1878.

Freud, S.: *The Standard Edition of the Complete Psychological Works of Sigmund Freud* (S. E.), Vol. 1 – 24, London 1953—1974 (The Hogarth Press):

— 1900a: *The Interpretation of Dreams*, S. E. Vol. 4 and 5.

— 1924d: *The Dissolution of the Oedipus Complex*, S. E. Vol. 19, pp. 171–179.

— 1930a: *Civilization and its Discontent*, S. E. Vol. 21, pp. 57–145.

— 1953: *Civilization and its Discontent*, translated by J. Riviere, The Hogarth Press Ltd., London, 1953.

Fromm, E.:

— 1932a: "The Method and Function of an Analytic Social Psychology", in: E. Fromm, *The Crisis of Psychoanalysis*, New York (Holt, Rinehart and Winston) 1970, p. 135–162.

— 1932b: "Psychoanalytic Characterology and Its Relevance for Social

Psychology," in: E. Fromm, *The Crisis of Psychoanalysis*, New York (Holt, Rinehart and Winston) 1970, p. 163–189.

— 1933a: "Robert Briffaults Werk über das Mutterrecht", in: *Zeitschrift für Sozialforschung*, Paris (Librairie Félix Alcan), Vol. II (1933), pp. 382–387.

— 1934a: "The Theory of Mother Right and Its Relevance for Social Psychology," in: E. Fromm, *The Crisis of Psychoanalysis*, New York (Holt, Rinehart and Winston) 1970, pp. 106–134.

— 1936a: "Sozialpsychologischer Teil", in: M. Horkheimer (Ed.), Schriften des Instituts für Sozialforschung, Vol. V: *Studien über Autorität und Familie*. Forschungsberichte aus dem Institut für Sozialforschung, Paris 1936, pp. 77–135 (Félix Alcan).

— 1941a: *Escape from Freedom*, New York (Farrar and Rinehart) 1941.

— 1943b: "Sex and Character", in: *Psychiatry. Journal for the Study of Interpersonal Process*, Washington (The William Alanson Psychiatric Foundation), Vol. 6 (1943), pp. 21–31.

— 1947a: *Man for Himself*, New York (Rinehart and Co.) 1947.

— 1949b: "The Oedipus Complex and the Oedipus Myth", in: R. N. Anshen (Ed.), *The Family: Its Functions and Destiny*, New York 1949, pp. 334–358 (Harper & Bros).

— 1951a: *The Forgotten Language*, New York (Rinehart and Co.) 1951.

— 1951b: "Man — Woman", in: M. M. Hughes (Ed.): *The People in Your Life: Psychiatry and Personal Relations*, New York

(Alfred A. Knopf) 1951, pp. 3–27.

— 1964a: *The Heart of Man. Its Genius for Good and Evil*, New York (Harper and Row) 1964.

Fromm-Reichmann, F., 1940: "Notes on the Mother Role in the Family Group," in: *Bulletin of the Menninger Clinic*, Vol. 4 (1940), S. 132–148.

Ginsberg, M., 1927: "Review of Robert Briffault, The Mothers", in: *The Nation and the Atheneum* 20. 8. 1927.

Goldenweiser, A., 1928: "Review of Robert Briffault, The Mothers", in: *The Nation*, New York 20. 7. 1928.

Horkheimer, M., 1936: "Egoismus und Freiheitsbewegung", in: *Zeitschrift für Sozialforschung*, Vol. 5 (1936).

Horney, K., 1932: "Die Angst vor der Frau", in: *Internationale Zeitschrift für Psychoanalyse*, Wien und Leipzig, Band 13 (1932), S. 1–18.

— 1937: *The Neurotic Personality of Our Time*, New York (W. W. Norton & Co.) 1937.

— 1939: *New Ways in Psychoanalysis*, New York (W. W. Norton & Co.) 1939.

James, W., 1893: *Principles of Psychology*, 2 volumes, New York (Holt) 1893.

Jones, E., 1953: *The Life and Work of Sigmund Freud*, Vol. I, New York (Basic Books, Inc.) 1953.

Kant, I., 1907: *Die Religion innerhalb der Grenzen der bloßen*

Vernunft, in: *Immanuel Kants Werke*, Vol. VI, Berlin (Georg Reimer Verlag) 1907; engl.: *Religion Within the Limits of Reason Alone*, translated by Th. M. Greene and H. H. Hudson, Chicago (Open Court) 1934.

— 1907a: *Der Rechtslehre Zweiter Teil. Das öffentliche Recht*, in: *Immanuel Kants Werke*, Vol. VI, Berlin (Georg Reimer Verlag) 1907.

— 1908: *Kritik der praktischen Vernunft*, in: *Immanuel Kants Werke*, Vol. V, Berlin (Georg Reimer Verlag) 1908; engl.: *Kant's Critique of Practical Reason and Other Works on the Theory of Ethics*, translated by Thomas Kingsmill Abbot, London, New York (Longmans Greene) 1909.

Kelles-Krauz, C. von, 1975: "J. J. Bachofen", in: Hans-Jürgen Heinrichs (Ed.), *Materialien zu Bachofens "Das Mutterrecht"*, *Frankfurt* 1975, *S.* 75-86 *(Suhrkamp Verlag, stw* 136*); Abdruck des Originals: "J. J. Bachofen (*1861—1901*). Aus den Studien über die Quellen des Marxisinus", Vortrag, gehalten an der Université Nouvelle in Brüssel, abgedruckt in: Die Neue Zeit. Revue des geistigen und öffentlichen Lebens*, Stuttgart Nr. 15, XX. Jahrgang, I. Band 1901—1902, S. 517-524.

Kraus, J. B., 1930: *Scholastik, Puritanismus und Kapitalismus*, München (Dunker) 1930.

Kluckhohn, P., 1931: *Die Auffassung der Liebe in der Literatur des* 18. *Jahrhunderts und in der Romantik*, Halle (Niemeyer) 1931.

Langdon-Davies, J., 1927: "Review of Robert Briffault, The Mothers," in: *The Herald Tribune*, New York 18. 9. 1927.

Levy, D. M., 1937: *Studies in Sibling Rivalry*, Vol. V. New York (American Orthopsychiatric Association) 1937.

Ludovici, A. M., 1927: "Review of Robert Briffault, The Mothers", in: *English Review*, November 1927.

Lynd, R. S., 1939: *Knowledge for What*, Princeton (Princeton University Press) 1939.

Malinowski, B., 1927: "Review of Robert Briffault, The Mothers", in: *Statesman*, September 1927.

Marx, K.: *Karl Marx und Friedrich Engels, Historisch-kritische Gesamtausgabe* (= MEGA). Werke — Schriften — Briefe, im Auftrag des Marx-Engels-Lenin-Instituts Moskau, herausgegeben von V. Adoratskij, 1. Abteilung: Sämtliche Werke und Schriften mit Ausnahme des Kapital, zit. I, 1–6, Berlin 1932.

Marx, K., und Engels, F.: *Werke* (MEW), hrsg. vom Institut für Marxismus-Leninismus beim ZK der SED, Berlin (Dietz Verlag):

— MEW 13: *Zur Kritik der Politischen Ökonomie*, in: MEW Band 13, Berlin 1961, S. 3–160.

— MEW 21: *Der Ursprung der Familie, des Privateigentums und des Staats*. Im Anschluß an Lewis H. Morgan's Forschungen. Mit dem Vorwort zur 4. Auflage von 1891, in: MEW Band 21, Berlin 1962, S. 25–173 und 473–483.

Morgan, L. H., 1870: *Systems of Sanguinity and Affinity of the Human Family*, Publication 218, Washington (Smithosian Inst.) 1870.

— 1877: *Ancient Society. Or Researches in the Lines of Human Progress from Savagery Through Barbarism to Civilization*, New York (H. Holt) 1977.

Nietzsche, F., 1906: *Götzen-Dämmerung*, in: Nietzsches Werke, 1. Abteilung, Band VIII, Leipzig (A. Kröner Verlag) 1906; engl.: *The Twilight of Idols*, translated by A. M. Ludovici, Edinburgh (T. N. Foulis) 1911.

— 1910: *Also sprach Zarathustra*, in: Nietzsches Werke, 1. Abteilung, Band VI, 1, Leipzig (A. Kröner Verlag) 1910; engl.: *Thus Spake Zarathustra*, translated by Thomas Common, New York (Modern Library) s. a.

— 1910a: *Zur Genealogie der Moral*, in: Nietzsches Werke, 1. Abteilung, Band VII, Leipzig (A. Kröner Verlag) 1910; engl.: *Beyond Good and Evil*, translated by Helen Zimmer, New York (Macmillan) 1907.

— 1911: *Der Wille zur Macht*, in: Nietzsches Werke, 2. Abteilung, Band XV und XVI, Leipzig (A. Kröner Verlag) 1911; engl.: *The Will to Power*, translated by Anthony M. Ludovici, 2 volumes, Edinburgh and London (T. N. Foulis), 1910

— 1911a: *Ecce Homo*, in: Nietzsches Werke, 2. Abteilung, Band XV, Leipzig (A. Kröner Verlag) 1911; engl.: *Ecce Homo*, translated by A. M. Ludovici, New York (Macmillan) 1911.

— Nachlaß: *Nietzsches Werke, Nachlaß*, Leipzig (A. Kroener).

Pascal, R., 1933: *The Social Basis of the German Reformation. Martin Luther and His Times*, London (Watts), 1933.

Reich, W., 1933: *Charakteranalyse. Technik und Grundlagen,* Wien (Verlag für Sexualpolitik) 1933.

Robeson (Brown), A., 1927: *The Portrait of a Banker: James Stillmann*, New York (Duffield) 1927.

Spinoza, Baruch de: *Die Ethik*, Hamburg (Felix Meiner Verlag) 1976.

Stirner, M., 1893: *Der Einzige und sein Eigentum*, Leipzig (Philipp Reclam jun.) 1893; engl.: *The Ego and His Own*, translated by Steven T. Byington, London (A. C. Fifield) 1912.

Sullivan, H. S., 1940: "Conceptions of Modern Psychiatry. The First William Alanson White Memorial Lectures," in: *Psychiatry*, Washington Band 3 (1940), S. 1–117.

Tawney, R. H., 1926: *Religion and the Rise of Capitalism*, London (John Murray) 1926; deutsch: *Religion und Frühkapitalismus. Eine historische Studie,* Berlin (A. Francke) 1946.

Thompson, C., 1942: "What Is Penis Envy?", in: *Proceedings of the Association for the Advancement of Psychoanalysis*, Boston Meetings 1942.

Ungnad, A., 1921: *Die Religion der Babylonier und Assyrer* (Religiöse Stimmen der Völker, herausgegeben von Walter Otto, Band 3), Jena (Eugen Diederichs Verlag) 1921.

Weber, M., 1920: *Die protestantische Ethik und der Geist des Kapitalismus,* in: Gesammelte Aufsätze zur Religionssoziologie, Band 1, S. 17–206, Tübingen (J. C. B. Mohr) 1920; engl.: *The Protestant Ethic and the Spirit of Capitalism,* translated by Talcott Parsons, London (Allan) 1930.

Weininger, O., 1903: *Geschlecht und Charakter*, Wien 1903.

译后记

继2021年出版的《占有还是存在》之后，《爱、性欲与母权》是我翻译的第二本弗洛姆著作，负责全书十个章节中的七个英文章节。对我而言，翻译弗洛姆的著作与其说是一项工作，不如说是一次绝佳的学习机会，一段引人入胜的旅程，一个涤荡心灵的过程。梅洛-庞蒂曾说，人的生存就是从偶然性到必然性的转变过程，这种转变是一种超越。如果说最初接触到弗洛姆是一种偶然，那么他带给我的心灵涤荡和思想超越就是一种必然。无论是对于读者还是译者，这样的影响都将是实实在在的。

在现代社会，人们普遍感到孤独、焦虑、空虚、抑郁，对未来感到悲观却似乎无能为力，常常陷入茫然、忧思，抑或在内卷中筋疲力尽。对于这样的生存境遇，弗洛姆开出了药方。作为具有哲学和社会学背景的心理分析学家，他不仅为个人指明了道路，还对现代社会与文明进行了诊断，提出了“社会性格”的概念，认为人的性格结构更多地由社会因素决定，社会中大多数人的性格共性会对社会现实产生极大影响。他继承了马克思主义学说，批判性地发展了弗洛伊德的理论，对包括《圣经》在内的宗教文本以及哲学、社会学、心理学和文学文本做出了独到并具有说服力的阐释。

弗洛姆批判阶级社会、资本主义和父权制，把“人”作为根本关注点。同马克思一样，弗洛姆站在被打败、被压迫的一方。因此在女性问题上，弗洛姆为妇女权益大声疾呼，认为妇女挣脱父权统治是社会变得人性化的一个根本要素。弗洛姆推崇巴霍芬的《母权论》，赞同巴霍芬提出的假说：人类历史从自由、平等、前理性的母性世界走向理性、不平等、等级制的父权社会，最终将以辩证的方式、在更高的层面上回归到充满自由、平等与爱的社会。巴霍芬通过将《圣经》与更古老的古巴比伦创世神话作比较，指出人类文明中的创世神由大母神向男性神变迁，认为《圣经》是男性打败女性的凯歌。在当代社会，史上第一次，科技进步和生产力发展所创造的物质财富使得所有人即使不工作也能获得足够的物质生活保障，因此自我实现、发掘潜能理应成为人类劳动的首要目的。正如大地母亲会给予每一个孩子所需的物品，马克思主义社会方案与代表和平、团结、自由的母性世界有天然的亲和性。

弗洛姆认为，男人与女人的关系本质上是人与人之间的关系，没有好的人际关系就不可能有好的两性关系。在父权社会中，男性与女性是胜利者与失败者的关系，即便今天父权制开始瓦解，斗争仍在继续。男人为了维持胜利者的姿态变得虚荣、爱炫耀，女人则不得已被迫寻求恩惠，双方最终都感到脆弱和焦虑。不可否认，男人和女人确实存在生物学上的差异，但这相对由社会文化引起的差异而言微不足道，不能以之为借口进行价值判断、剥夺任何人在社会中的平等权利。尽管存在差异，没有人应当成为他人实现目的的工具，每个人都是自己的目的，应当自由地发展自己的独特性。只有这样，文化才能更丰饶，个人才能保有作为人类一员最有价值的部分——主体性和独特性，推动社会向更高级的形态发展。

在当今的消费社会，人们倾向于把自己当作商品，具有弗洛姆所说的“营销型人格”，即需要在人际市场上受欢迎、受到他人认可、证明自身价值。市场上流行什么样的人格特质，就把自己变成什么样子，导致最终迷失了自己，人群变得高度模式化。这同样体现在两性关系中。当男人和女人都不再是自己，就不可能存在真正的爱，剩下的只能是模式化的无聊。真正的爱与独立、自由密不可分，它要求强大且完整的自我，要求人们能够独立自主并承受孤独。弗洛姆说：“爱是一种自发行为，而自发本就意味着按自己的自由意愿行事的能力。若自我的焦虑与软弱使个人无法根植于自己，他就不能去爱……一个自我受挫的人只能以矛盾的方式去爱——他能以自我中强大的部分去爱，而残缺的部分使他必须去恨。”

在弗洛姆看来，爱是对对象的热切肯定，这种肯定异常深刻，关乎对象的本质和人格整体。这个“对象”既可以是别人，也可以是自己。因为所爱之人凝聚着人类的本质特征，对一个人的爱意味着对全人类的爱，而一个人自己也是人类的一部分，所以若不能爱自己，他必然不能真正爱他人。爱和恨是一个人对待世界的两种方式，在对象上是不可分割的。正如尼采在《查拉图斯特拉如是说》中写道：“你们逃向邻人就是躲避自己，并以此制造一种美德。我可看透你们的‘无私’了……你们对自己不可忍耐，自爱得不够，于是你们诱惑邻人去爱。并且用邻人的谬误为自己贴金。”爱自己，是对自我的深刻肯定，这同样需要力量。一个不爱自己的人怀着恨意对待世界。

那么到底如何去爱呢？巴迪欧（Alain Badiou）说，爱是创造。弗洛姆说，爱具有感知力、观察力和生产力，需要勇气、耐心和内心的努力。只有当一个人内心充满爱，且以符合对方需要的方式去爱时，他才能够真正去爱。爱是使对象更好地成为其自己。这个“对象”可以是男人、女人、自己、动物、花草，甚至是没有生命的石头和水流。本质上说，去爱就是在自己和他人身上热爱生命，像艺术家一样以赋予生命的方式热爱万物。爱需要戒掉焦躁不安，培养专注力，摆脱幻想，保持静止，看到人和事本来的样子。弗洛姆有一句话特别美：“如果你凝望一棵树的方式能让它似乎也在回望你，那么你可能什么都不想说了。”我想这就是爱吧。

程雪芳

2023 年 9 月

文本来源与版权

1. "Bachofen's Discovery of the Mother Right": hitherto unpublished typoscript, written in the fiftieS. -© 1994 by the Estate of Erich Fromm.

2. "The Theory of Mother Right and Its Relevance for Social Psychology" (1934), originally published in German in: *Zeitschrift für Sozialforschung*. Paris: Librairie Félix Alcan, 3/1934, pp. 196-227. First English publication in E. Fromm, *The Crisis of Psychoanalysis*. Essays on Freud, Marx and Social Psychology, New York (Holt, Rinehart and Winston) 1970, pp. 106-134. -© 1934 by Erich Fromm.

3. "Die männliche Schöpfung": hitherto unpublished autograph written by Fromm not later than 1933. -© 1994 by the Estate of Erich Fromm.

4. "Robert Briffaults Werk über das Mutterrecht" (1933) was first published in *Zeitschrift für Sozialforschung*. Paris: Librairie Félix Alcan, 2/(1933, pp. 382-387. -© 1933 by Erich Fromm.

5. "The Significance of the Theory of Mother Right for Today" (1970) was first published in E. Fromm, *The Crisis of Psychoanalysis*. Essays on Freud, Marx and Social Psychology, New York (Holt, Rinehart and

Winston) 1970, pp. 100–105. –© 1970 by Erich Fromm.

6. "Sex and Character" (1943) was first published in: *Psychiatry. Journal for the Study of Interpersonal Process*, Washington (The William Alanson Psychiatric Foundation), Vol. 6 (1943), pp. 21–31. This articles was enlarged by Fromm in 1948 to be published in *The Family: Its Functions and Destiny*, ed. by R. N. Anshen. New York (Harper and Row) 1949, pp. 375–392. The reprint follows the enlardged version. –© 1943 und 1949 by Erich Fromm.

7. "Man – Woman" (1951), was a lecture given by Fromm in 1949 which was published in: *The People in Your Life: Psychiatry and Personal Relations*, ed. by M. M. Hughes, New York (Alfred A. Knopf) 1951, pp. 3–27. –© 1951 by Erich Fromm.

8. "Sexuality aand Character" (1948) was first published unter the title "Sex and Character: The Kinsey Report Viewed from the Standpoint of Psychoanalysis" in: *About the Kinsey Report*, ed. by D. P. Geddes and E. Curie, New York (The New American Library) 1948, pp. 301–311. –© 1948 by Erich Fromm.

9. "Selfishness and Self-Love" was first published in: *Psychiatry. Journal for the Study of Interpersonal Process*, Washington (The William Alanson Psychiatric Foundation), Vol. 2 (1939), pp. 507–523. –© 1939 by Erich Fromm.

10. "Do We Still Love Life?" (1967) was the title of a lecture printed in *McCalls*, New York, Vol. 94 (August 1967), pp. 57 and 108–110). –© 1967 by Erich Fromm.

图书在版编目（CIP）数据

爱、性欲与母权／（美）艾里希·弗洛姆（Erich Fromm）著；程雪芳，张龑译．—上海：上海译文出版社，2024.6（2025.7 重印）
（弗洛姆作品系列）
书名原文：LOVE，SEXUALITY，AND MATRIARCHY
ISBN 978-7-5327-9502-4
Ⅰ．①爱…　Ⅱ．①艾…　②程…　③张…　Ⅲ．①社会心理学－研究　Ⅳ．①C912.6-0
中国国家版本馆 CIP 数据核字（2024）第 089233 号

爱、性欲与母权
［美］艾里希·弗洛姆 著　程雪芳　张龑 译
责任编辑／范炜炜　装帧设计／柴昊洲

上海译文出版社有限公司出版、发行
网址：www.yiwen.com.cn
201101　上海市闵行区号景路 159 弄 B 座
上海市崇明县裕安印刷厂印刷

开本 890×1240　1/32　印张 6.5　插页 2　字数 119,000
2024 年 6 月第 1 版　2025 年 7 月第 2 次印刷
印数：8,001—10,000 册

ISBN 978－7－5327－9502－4
定价：48.00 元